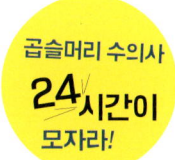

직업가치동화 03 수의사

곱슬머리 수의사
24시간이 모자라!

한정영 글 | 이예숙 그림 | 허은영 감수

북멘토

추천의 말

많은 어린이들이 미래에 갖고자 하는 직업을 선택할 때 얼마나 돈을 많이 버는지, 다른 사람들 눈에 얼마나 멋지게 보이는지 등 외적인 것을 주로 따집니다. 직업을 충분히 이해하고, 적성을 탐구하는 과정은 소홀히 한 채로요.

직업을 선택할 때는 겉으로 보이는 모습 이면에 어떤 어려움과 갈등이 있는지 미리 생각해 봐야 합니다. 또한 그 직업이 적성에 맞는지, 필요한 능력은 얼마나 갖추고 있는지 빠뜨리지 말고 점검해야 합니다.

화가에게 필요한 능력과 교사에게 필요한 능력이 다르듯이 직업에 따라 필요한 능력이 제각각입니다. 물론 직업에 필요한 능력은 노력을 통해 키워 나갈 수 있습니다. 하지만 자신의 적성과 직업에 필요한 능력이 많은 부분 일치한다면 훨씬 쉽게 그 일을 해내고, 갈등이 생기거나 어려움을 맞닥뜨렸을 때 훨씬 빠르게 극복해 나갈 수 있답니다.

북멘토 직업가치동화는 직업 선택에 있어 꼭 필요한 직업 이해와 적성 탐구, 이 두 가지를 재미있고 실감 나는 이야기로 자연스럽게 깨닫게 합니다. 그리고 자신의 직업 적성을 점검하는 '적성 찾기'와 직업인의 자세를 생각해 보는 '가치 찾기'를 통해 직업의 세계를 더 깊이 탐구해 보도록 도와줍니다.

　3권 수의사 편에서는 주인공 수희가 수의사가 되기 위해 어떤 준비와 노력을 하는지 상세하게 담겨 있습니다. 길거리의 동물을 돌보고, 동물 병원에서 수의사가 하는 일을 익히고, 수의사처럼 진료 일지를 쓰며, 아픈 동물을 관찰하는 등 발로 뛰고, 눈으로 확인하며, 꿈을 키워 가지요.

　여러분이 수희처럼 직접 체험하며 꿈을 키워 나가는 건 어려울 수 있어요. 그렇다면 지금 할 수 있는 일을 먼저 찾아보는 건 어떨까요? 자신의 적성이 수의사와 맞는지 점검해 보고 부족한 부분 채워 나가기, 수의사가 마주치는 가치 충돌을 생각해 보기, 동물 관련 자원봉사를 통해 동물과 마주해 보기 등 생각보다 할 수 있는 일이 많답니다. 또한 수의학과에 가기 위해 공부에 매진하는 일도 빠질 수 없는 항목이지요.

　책장을 덮고 나면 아마도 학기 중에는 무엇을 하고 주말에는 어디를 가 보며 방학에는 어떤 체험을 할지가 더 선명하게 그려질 거예요. 한 가지 더! 신나게 몰입하며 할 때 그 결과는 분명 다르다는 것도 잊지 마세요.

허은영
서울 양강중 수석 교사, 「묻고 답하는 청소년 진로 카페」 저자

작가의 말

모든 일이 그렇듯, 겉으로는 화려해 보여도 모든 직업의 이면에는 숨겨진 노력과 아픔이 있게 마련입니다. 수의사라는 직업도 마찬가지예요. 동물을 사랑하고 치료해 주는 모습이 멋져 보이긴 하지만, 수의사가 되려면 공부를 많이 해야 하고, 수의사가 되고 나서도 우리가 모르는 힘들고 거친 일들과 많이 부딪치게 됩니다.

생각해 보세요. 말을 하지 못하는 동물들을 치료하는 일이 쉽기만 할까요? 어쩌면 사람을 치료하는 의사보다 어려울 수도 있어요.

물론 그렇다고 미리부터 겁먹을 필요는 없어요. 차근차근 공부하면 되니까요. 그리고 아무리 고된 일이어도 수의사는 정말로 가치 있고, 보람된 직업 중의 하나임은 틀림없답니다.

다만 우리가 그저 동물 병원의 의사 선생님 정도로 알고 있는 수의사는 생각보다 하는 일도 많고 다양한 분야에 필요한 사람이라는 거예요. 그래서 수의사가 하는 일을 정확히 알고 어떤 마음가짐을 가져야 하는지 미리 알아 두는 일은, 수의사가 되려는 어린이들에게 아주 중요하지요. 그것이 수의사가 되는 첫걸음일 거예요.

자, 혹시라도 수의사에 관심이 있다면 주인공 수희의 마음을 잘 따라가 보세요. 그리고 생각해 보는 거예요.

'나도 이 정도는 할 수 있어. 아니, 더 잘할 수도 있어.', '어? 그런데 이건 아니지 않을까?', '앗! 나라면 이때 이랬을 텐데!' 이런 생각을 하면서 수희와 함께 수의사의 세계에 대해 알아보는 건 어떨까요?

한정영

차례

추천의 말	4
작가의 말	6
너를 어떻게 하지?	11
골목길 수의사	24
24시간이 모자라	39
우리가 모르는 동물도 있어요	54
라푼젤, 제발 힘을 내	64

젖소 의사	83
갈 곳이 없어	99
이제부터 시작이야	110
뜻밖의 선물	120

부록 : 나도 수의사가 될 수 있을까?

적성 찾기	130
가치 찾기	133

너를 어떻게 하지?

"수희야! 수희야아아!"

교실을 막 나서려는데 민주가 뛰어오면서 수희의 이름을 길게 불렀다. 머리에 묶은 노란 리본이 사뿐 내려앉은 나비 같았다.

수희는 얼른 민주를 돌아보았다.

"드디어 엄마가 허락하셨어. 강아지를 키워도 된대."

"아잇! 정말이야? 축하해! 좋겠다아!"

수희는 민주 손을 잡고 폴짝폴짝 뛰었다. 수희네 집은 반려동물을 키울 수 없어서 정말 부럽기도 했다.

"고마워. 오늘 엄마랑 애견 센터에 가기로 했어. 그러니까 네 도움이 필요해. 어떤 강아지를 데려와야 해?"

"음, 우선 태어난 지 40~45일 전후인 강아지가 좋아. 너무 어리면 소화 기관이 발달하지 않아서 사료를 먹은 후에 소화를 잘 못 할 수 있거든. 면역력도 떨어지기 쉽고. 음, 그렇다고 너무 나이가 든 강아지를 데려오면 배변 훈련을 하기 힘들 수 있어. 새로운 환경에 적응시키는 데도 어려울 수 있지."

마치 외기라도 한 듯 수희는 막힘없이 쏟아 놓았다.

"응, 그리고 또?"

"발육 상태를 잘 봐야지. 그 강아지 나이에 맞게 신체 기관이 잘 발달해 있는지 말이야. 걸음걸이도 유심히 살펴봐. 그래야 뼈가 제대로 잘 자랐는지 확인할 수 있어. 털이 윤기가 흐르는지도 봐야 하고."

"알겠어. 그래야 아프지 않고 잘 자라겠지?"

"하지만 그보다 더 중요한 게 있어."

"어? 그게 뭔데?"

수희의 말에 민주가 눈을 동그랗게 뜨고 되물었다.

"정말 강아지를 데려오면, 이제부터 가족이라는 생각을 가지고 돌봐야 한다는 거야. 조금 키우다가 싫증 난다고 아무렇게나 내버려 두어선 안 돼. 끝까지 책임져야 해."

"알겠어. 그건 꼭 지킬게. 그리고 우리 강아지가 아프면 네가 고쳐 주면 되잖아. 그러면 병원에 갈 일도 거의 없을 거야."

"아니. 그보다는 병원에 갈 일이 없도록 잘 돌봐야지. 그러면 오래도록 함께 가족처럼 지낼 수 있을 거야."

"아아, 역시 수의사 선생님은 달라! 최고야!"

민주가 양손의 엄지손가락을 추켜올려 보였다.

민주의 말대로 수희의 꿈은 훌륭한 수의사가 되는 것이다. 아픈 강아지는 치료해 주고, 버려진 강아지는 데려다가 돌봐 주고 좋은 곳에 보내는 일도 하고 싶다. 훗날 동물 병원을 하게 되면, 동물들도 좋아할 만큼 병원을 예쁘게 꾸미고…….

이미 인터넷도 뒤져 보고 책도 찾아서 알아 두었다. 수의사가 되려면 수의학과에 가야 한다는 것, 하지만 경쟁률이 높아서 성적이 좋아야 한다는 것, 그래서 공부도 열심히 해야 한다는 것도 알고 있다. 수의사 선생님이 운영하는 카페에도 가입해서 강아지가 기침을 하면 어디가 아픈 건지, 콧물을 많이 흘리면 무엇 때문인지, 심장사상충은 무언지, 개와 고양이는 아플 때 어떤 행동을 하는지도 틈날 때마다 찾아보고 노트에 적어 두었다.

"아니다! 그러지 말고 강아지 분양받으러 갈 때, 네가 나랑 같이 가 주면 안 돼? 우리 엄마한테 말해 놓을게."

잠시 아무 말 없이 서 있자, 민주가 또 물었다.

"앗! 좋은 생각이다. 하지만 오늘은 안 돼. 갈 데가 있거든."

"정말? 어딜 가는지 물어봐도 돼?"

"응. 라푼젤 만나러."

"라푼젤? 그거 동화 주인공 이름인데……. 아, 혹시 그 녀석도 유기견?"

수희는 대답 대신 미소를 지으며 고개를 끄덕였다. 잠시 고개를 갸웃거리던 민주가 알겠다는 듯 밝은 표정을 지었다.

"너 참 대단하다! 버려진 녀석들까지 돌보고. 수의사 될 자격이 있어! 그런데 이번엔 어떤 녀석이야? 강아지야, 고양이야?"

"강아지. 그런데 좀 다쳤어. 오늘 상태 봐서 한마음 언니한테 데려가 보려고."

"한마음 애견 센터? 알았어. 아쉽지만 할 수 없지. 얼른 가 봐."

한마음 애견 센터는 이전에 기르던 강아지가 살아 있을 때부터 자주 가던 곳이다. 수희는 강아지가 떠난 후에도 그곳에 종종 오갔다. 아니, 오히려 죽은 강아지가 생각나 더 자주 놀러 갔고, 애견 센터의 주인 언니도 '언제든지 와서 강아지 구경해도 좋아!'라고 말했다.

학교 뒷문을 나서자마자 수희는 뛰듯이 걸었다. 오래지 않아 이마에 땀이 송골송골 맺혔다. 머릿속에는 온통 라푼젤 생각뿐이었다.

벌써 닷새째 녀석이 보이지 않았다. 어제는 나타날 줄 알았는데, 어찌 된 일인지 라푼젤은 한 시간 넘게 기다렸는데도 나타나지 않았다. 혹시나 해서 주변 골목을 샅샅이 뒤져 보았지만 라푼젤은 만날 수가 없었다.

'도대체 어떻게 된 걸까?'

어제부터 걱정이 머리에서 떠나지 않았다.

라푼젤을 처음 만난 건 2주일 전쯤이었다. 그날도 이전에 그랬던 것처럼, 학교 뒷문을 내려와 짱구네 슈퍼 옆 골목으로 들어갔다. 집으로 가는 지름길이기도 하고, 평소에 돌보는 길고양이들에게 사료를 주고 갈 생각에서였다.

의류 수거함 옆에 이르렀을 때, 눈 주위에 까만 점이 박힌 다롱이가 보였다. 녀석은 올 줄 알았다는 듯 나른하게 하품을 하며 기다리고 있었다. 사료를 몇 개 집어 주자, 갈색 털 고양이 얌체가 수거함 뒤쪽에서 쏙 나타났다. 차례로 두 마리가 더 모습을 드러냈다. 이름은 모두 수희가 지어 주었다.

딱 그즈음이었다. 어디선가 부스럭거리는 소리가 들리는가 싶더니 겁 많은 흰털 고양이 슈슈가 후다닥 의류 수거함 뒤로 숨었다. 수희도 재빨리 소리가 난 쪽을 바라보았다. 골목 끝에서 주둥이와 앞다리 쪽이 하얗고 얼굴 위부터 갈색 털이 덮인 비글 한 마리가 천천히 걸어오고 있었다.

그런데 이상했다. 비글은 앞다리를 절었다. 두 살이 조금 넘어 보였고, 피곤에 지친 모습이었다. 녀석이 조금 더 가까이 다가왔을 때, 수희는 다친 곳이 발뿐만이 아니란 걸 단박에 알아차렸다. 무슨 험한 꼴을 당했는지, 귀 한쪽이 찢어져 있었고, 옆구리 한쪽의 털이 동전 크기만 하게 빠지고 없었다.

수희는 얼른 달려갔다. 그러자 비글이 겁을 먹은 듯 뒷걸음질 쳤다. 수희는 냉큼 녀석의 몸통을 붙잡았다.

"녀석아, 이런 채로 다니면 위험해."

수의사가 되려면 이 정도는 알아채야 하는 것이었다. 이럴 때 수희는 자신이 대견했다. 물론 동물에 관심을 갖다 보면 자연히 알 수 있는 것이기는 하지만.

수희는 얼른 가방에서 녹색 주머니를 꺼냈다. 그 안에는 상처를 치료하는 연고 두 종류와 크기가 다른 일회용 밴드, 압박 붕대, 가위, 소독약, 핀셋과 같은 도구들이 들어 있었다. 혹시라도 다친 길고양이나 집 나온 강아지를 만나면 치료하기 위해 항상 가지고 다니는 것들이었다.

수희는 우선 비글의 귀에 소독약을 바르고 다리를 살펴보았다. 왼쪽 앞다리의 허벅지 아래쪽이 살짝 찢어져 있었다. 그곳도 소독하고 약을 바른 다음 붕대를 감아 주었다. 그러고 나서 고양이에게 주려던 사료를 입에 대 주었다. 배가 고팠는지 녀석은 주는 대로 허겁지겁 받아 먹었다.

수희는 한참 동안 비글을 보듬고 쓰다듬어 주었다.

"내일 다시 여기로 와. 알았지? 상처 치료해야 되니까."

그 말을 알아들었는지, 녀석은 다음 날 다시 나타났다. 그 이튿날에는 볼 수 없었지만, 다음 날부터 나흘 동안은 한 번도 빠짐없이 모습을 보였다. 그즈음에 라푼젤이라는 이름을 지어 주었고, 언젠가부터 '라푼젤!' 하고 부르면 쪼르르 나타나곤 했다. 또 사흘쯤 안 보였다가 나타나기를 반복했다. 그래서인지 상처는 더디 아무는 듯했다. 아니, 앞발의 상처는 조금도 나아지지 않았다. 그래서 더 걱정이 됐다.

오늘도 라푼젤을 만날 수 없는 걸까? 골목길을 들어서면서부터 수희는 마음이 조급해졌다.

"라푼젤!"

수희는 사방을 두리번거리며 외쳤다. 의류 수거함 뒤쪽도 기웃거렸고, 골목 안쪽으로 더 들어가 막다른 길 끝, 자동차 밑까지 둘러보았지만 라푼젤은 없었다.

닷새 전 마지막으로 보았을 때는 여전히 다리를 저는 데다가 심하게 구토를 해 댔다. 설마 더 나빠진 건 아닐지 수희는 애가 탔다.

"라푼젤!"

수희는 강아지 이름을 부르며 털썩 주저앉았다.

그때쯤, 일부러 떠올리지 않으려던 기억 한 토막이 떠올랐다. 다름 아닌, 수희가 마지막으로 집에서 길렀던 강아지였다. 장난도 많고, 재롱도 많이 떨어서 함께 있으면 한순간도 심심할 틈이 없었다. 특히 수희가 집에 있을 때는 접착제처럼 수희 옆에 착 붙어 있곤 했다. 2년 전 하늘나라로 떠나기 전까지는…….

녀석의 이름이 바로 라푼젤이었다. 눈이 유난히 컸던 그 녀석도 비글이었는데, 사실 길에서 만난 강아지에게 라푼젤이라는 이름을 지어 준 이유도 그것 때문이었다.

'으앙! 엄마, 라푼젤이 내 스케치북을 물어뜯어 놨어.'

'으악! 아빠 와이셔츠 막 밟아 놓은 것 좀 봐. 내가 못 살아.'

'엄마, 내 신발 끈이 너덜너덜해졌어요. 라푼젤 짓이야.'

그런 자신의 목소리들이 머릿속에 울렸다. 그때는 라푼젤과 많이 싸웠고 미워도 했지만, 즐거운 날이 더 많았다. 엄마가 잘 길들인 덕분에 수희의 신발주머니를 물어다 줄 줄도 알았고, 함께 물장난을 치기도 했다. 넘어졌을 때 가장 먼저 달려와 까진 무릎을 핥아 준 것도, 동네 오빠가 놀릴 때 왕왕 짖어 쫓아 버린 것도 라푼젤이었다. 그럴 때는 또 어찌나 앙칼지게 짖어 대던지!

그런데 라푼젤은 어느 날 병이 들었다. 수희는 엄마와 함께 라푼젤을 여러 번 병원에 데리고 다녔다. 엄마는 쉴 틈 없이 라푼젤을 돌보았다. 옛날에 동물 구조 센터에서 일해서 그런지, 엄마는 아무것도 모르는 수희가 보아도 능숙하게 약을 먹이고 돌보았다.

그럼에도 라푼젤은 어느 날 밤 수희의 곁에서 떠나갔다. 수희의 손을 한 번 핥은 뒤 쓰러진 라푼젤을 엄마가 병원에 데려갔는데, 그날 이후 영영 돌아오지 못했다. 엄마는 라푼젤이 목에 걸고 있던 청동빛 이름표만 되가져 왔다.

"수희야! 라푼젤이 아주 멀리 떠났어!"

엄마는 그렇게 말하고, 수희의 손을 잡고 오래도록 울었다.

하지만 어느 날엔 아직도 라푼젤이 살아 있는 것처럼 생생히 머릿속에 떠오르곤 했다. 지금처럼 끄응 소리를 내며, 저렇게 눈앞에 걸어오고 있는 듯이.

아, 그런데 정말 라푼젤이 보였다. 턱을 무릎 위에 올린 채 잠시 눈을 감았다가 떴는데 라푼젤이 눈앞에 있었다. 옛날 집에서 키우던 녀석이 아닌, 닷새나 속을 태운 바로 그 라푼젤이.

어쩐 일인지 라푼젤은 닷새 전보다 더 절뚝거렸다. 자세히 보니 붕대를 감은 왼쪽 다리에 피가 맺혀 있었다. 수희는 얼른 일어나 달려갔다. 라

푼젤은 순간적으로 놀라서 귀를 움찔거렸다.

"나야, 라푼젤! 도대체 어떻게 된 거야? 어디 가 있었던 거야?"

수희가 소리치자 도망치려던 라푼젤이 멈추어 꼬리를 흔들었다. 수희는 재빨리 라푼젤 앞으로 다가가 앉았다. 그리고 붕대가 감긴 앞발을 조심스럽게 쓰다듬었다. 수희가 감아 주었던 붕대는 풀어지고 찢어져서 엉망이었다. 상처를 보려고 더듬자 라푼젤이 끄응 하면서 다리를 빼내 감추었다.

라푼젤은 닷새 전보다 야위었고, 털도 더 지저분해져 있었다. 기신거리는 모습이 몹시 지쳐 보였다. 혹시나 해서 사료를 내밀었지만, 녀석은 두어 번 입을 대다 이내 주둥이를 돌려 버렸다.

"라푼젤, 도대체 무슨 일이 있었던 거야?"

수희는 라푼젤을 연신 쓰다듬었다. 그러자 녀석도 수희의 손등을 열심히 핥아 대며 끄으응 하는 소리를 냈다. 아무리 보아도 몸이 정상이 아닌 게 분명했다. 수희는 녀석을 안고 발을 동동 구르기만 했다.

'병원에 데려가야 할 거 같아. 아니면 우선 한마음 언니한테라도……'

그 생각을 하자마자 수희는 벌떡 일어났다. 하지만 선뜻 골목길 밖으로 내달리지 못했다. 병원에 가려니 돈이 없었고, 한마음 언니한테 데려가려니, 그것도 썩 내키지 않았다. 미안한 마음이 들어서였다. 한마음 언니한테 신세를 진 건 하루 이틀의 일이 아니었다. 수희는 고개를 가로저었다.

작년 가을에는 길에서 시추를 만났는데, 워낙 오래도록 밖을 떠돌며 사느라 그랬는지 털이 엉키고 오물과 함께 굳어서 새까만 갑옷처럼 변해 있었다. 그래서 녀석은 잘 걷지도 못했다. 수희는 고민 끝에 애견 센터로 데려갔다. 한마음 언니는 갑옷같이 변한 시추의 털을 깔끔하게 깎아 주었고, 이곳저곳에 난 상처도 치료해 주었다.

연신 토해 대는 길고양이를 데려갔을 때는, 한마음 언니가 병원에도 데려다주었다. 그리고 혼자 살기 힘들어 보이는 녀석들은 애견 센터에 데리고 있다가 분양해 주기도 했다. 이후에도 길거리에서 만난 강아지, 고양이를 예닐곱 마리나 더 데려가 한마음 언니에게 돌봐 달라고 부탁했었다.

'어쩌지?'

머릿속에서는 그렇게 물었다. 하지만 수희는 어느새 라푼젤을 가슴에 꼭 안고 달리기 시작했다.

골목길 수의사

"아무래도 병원에 데려가야 하지 않을까 싶어. 일단 내가 할 수 있는 응급 처치는 해 볼 테지만……."

한마음 언니는 라푼젤을 이리저리 살펴보더니 말했다. 그러고는 녀석을 미용 테이블에 올려놓고, 때가 심하게 탄 털을 깎기 시작했다.

위잉!

기계 소리가 금세 가게 안을 가득 메웠다.

수희는 일어나 주변을 돌아보았다. 한쪽 벽 2층 케이지 아래쪽에 치와와 두 마리가 들어 있었다. 수희는 가까이 다가가서 주둥이를 내미는 녀석들을 한 번씩 쓰다듬어 주었다. 그러자 관심을 끌려는 건지 반대편 케이지에 있는 요크셔테리어가 문을 박박 긁

으며 짖어 댔다.

지난주에 수희가 데려다 놓은 강아지였다. 감기라도 걸렸는지 붉은 벽돌집 담벼락 아래서 바들바들 떨고 있어서 데려다 놨더니, 금세 기운을 차렸다. 수희가 손을 내밀자 요크셔테리어는 끙끙대면서 내민 손을 핥았다. 양쪽 귀가 분홍색으로 물들어 있었다.

그 아래쪽 케이지에는 한쪽 눈만 흰색으로 덮인 고양이가 있었다. 왠지 낯이 익었다.

"언니, 얘 혹시……?"

수희는 큰 소리로 물었다.

"맞아! 호두야. 지금은 흰눈이라고 부른대."

수희는 더 반가웠다. 3개월 전에 뒷다리에 상처를 입고 절뚝거리던 녀석이었다. 흰 털에 오물이 잔뜩 묻었고, 눈도 맑지 않았다. 많이 아파 보여서 수희가 애견 센터로 데려왔는데, 다행히 건너편 아파트에 사는 대학생 언니가 분양해 갔다.

"우아! 호두, 아니 흰눈이! 정말 멋져졌구나?"

수희는 케이지 안으로 손을 가져가 흰눈이를 쓰다듬었다. 그러다가 수희는 출입문에 붙은 '임대'라는 글자를 보았다.

"언니, 저게 무슨 말이……?"

저 말은 가게를 내놓는다는 말 아닌가 하는 생각이 들었는데, 언니가 동시에 말했다.

"수희야, 할 말이 있는데……."

서로 살짝 놀랐고, 곧 함께 씩 웃었다.

"그래. 수희가 먼저 말해."

수희는 한마음 언니 쪽으로 다가가 조심스럽게 입을 열었다.

"저 강아지요, 며칠만……."

그런데 한마음 언니가 말을 끊었다. 그리고는 금세 심각한 표정으로 말을 이었다.

"수희야, 그 말이라면 언니가 먼저 할게. 이제 길고양이랑 유기견들 데려오면 안 돼."

"네?"

수희는 가슴이 덜컥 내려앉았다. 사실 수희가 말하려던 게 그거였다. 라푼젤을 좀 데리고 있어 달라고. 수희는 눈을 크게 뜨고, 출입문에 붙은 글자와 언니를 번갈아 쳐다보았다.

"언니 곧 이사 가. 그래서 이제는 수희가 데려오는 동물들을 맡아 줄 수가 없어. 지금 있는 동물들도 빨리 분양하고 유기 동물은 보호소에 데려다주어야 해."

"어, 언니……."

수희는 울먹이며 언니를 쳐다보았다.

"미안해, 수희야. 하지만 라푼젤은 이삼 일은 맡아 줄게. 지금 많이 아픈 것 같으니까."

"언니!"

"하지만 그 이상은 안 돼. 언니도 어쩔 수 없어. 이해하지?"

수희는 고개를 끄덕이고 말았다.

애견 센터에서 나와 터덜터덜 걸으면서 수희는 온갖 생각이 다 들었다. 라푼젤 걱정이 온몸을 무겁게 짓누르는 것 같았다.

'이번 내 생일 선물로 강아지를 사 달라고 할까? 세 달 더 있어야 하지만, 미리 사 달라고 해 보지, 뭐! 그리고 봐 둔 강아지가 있다고 하면서 라푼젤 이야기를……. 하지만 엄마가 들어줄까?'

한편으로는 엄마가 들어줄 것도 같고, 또 한편으로는 어림없을 것도 같았다. 수희는 혼자서 고개를 저었다 끄덕였다 하면서 길을 걸었다. 그러자 엄마의 목소리가 들려오는 것 같았다.

'안 된다고 말했잖아. 털도 날리고 비위생적이야. 그리고 요즘은 엄마가 돈이 없어.'

'돈 없어도 돼요. 유기견 데려오면 되죠. 제가 알아볼게요.'

'아무튼 안 돼!'

머릿속에 그림이 그려졌다. 수희는 어깨를 축 늘어뜨리고 말았다. 도대체 엄마는 동물 구조도 했으면서 왜 이렇게 야박하게 구는 건지……. 한숨까지 길게 나왔다.

이번에는 직장 때문에 부산에 가 있는 아빠를 떠올려 보았다. 수희의 말이라면 뭐든 들어주는 아빠. 하지만 강아지를 키우는 문제는 엄마 뜻에 따르자고 했었다. 그래서 수희는 아빠한테 전화를 하려다가 그만두었다.

"후유!"

수희는 다시 길게 한숨을 내쉬었다. 아무리 생각해도 답이 나오지 않았다. 그때, 휴대 전화가 부르르 떨렸다. 얼른 꺼내 보니 엄마의 메시지였다.

- 수희, 어디니? 학원에도 안 갔다며? 도대체 어디 간 거야? 전화도 안 받고.

순간, 정신이 퍼뜩 들었다. 부재 중 전화가 두 통이었다. 아마 라푼젤만 골똘히 생각하느라고 전화가 온 줄 몰랐던 모양이다.

수희는 빨리 걸었다. 다행히 모퉁이 하나만 돌면 아파트가 보이는 큰길로 나갈 수 있으니까. 그렇게 생각하며 수희는 왼쪽으로 휘우듬한 골목길을 걸었다. 그런데 얼마 지나지 않았을 때, 시끄러운 소리가 들렸다.

뜻밖에도 앙칼진 고양이의 비명 소리였다. 개가 짖는 소리도 섞여 들렸다. 깜짝 놀라 머리카락이 쭈뼛 섰다. 그래서 순간적으로 걸음을 멈추었다. 오래된 골목길이라 길고양이와 떠돌이 개가 유독 많았다. 하지만 그래도 이렇게 섬뜩한 소리는 처음이었다.

"끼야아아아옹!"

"크릉! 컹컹컹!"

개와 고양이 소리가 마구 뒤엉켰다. 무섭긴 했지만 호기심도 생겨서 수희는 얼른 뛰었다. 그리고 곧바로 모퉁이를 돌았을 때, 이해할 수 없는 광경이 펼쳐졌다.

커다란 개가 고양이의 목덜미를 물어뜯는 중이었다. 그리고 그 건너편에서 한 아저씨가 달려오고 있었다.

"안 돼!"

아저씨가 외쳤다.

그러나 이미 개는 고양이의 목덜미를 물고 흔들더니 벽 쪽으로 내동댕이쳐 버렸다. 고양이는 담벼락에 부딪혀 바닥으로 떨어졌고, 온몸을 파르르 떨었다.

"이 녀석이 도대체 무슨 짓을 한 거야?"

아저씨가 나무라듯 말하는 사이 개는 후다닥 도망가 버렸다.

아저씨는 재빨리 고양이 옆에 꿇어앉았다. 그러고는 고양이를 조심스럽게 만지며 눈을 까뒤집어 보기도 했고, 목을 어루만지는 듯하다가, 입을 벌려 혀를 상세히 살펴보기도 했다. 또 등과 가슴도 유심히 살폈다.

그러더니 멍하니 서 있는 수희에게 말했다.

"얘, 미안하지만 저 가방에서 청진기 좀 꺼내 줄래?"

수희는 골목 한쪽에 널브러진 가방을 가져와 청진기를 꺼냈다. 아저씨는 청진기를 받아 들어 고양이의 가슴에 대더니 고개를 저었다.

"앞다리가 부러지고, 등가죽이 찢어졌어. 어쩌지……. 병원에 데려가야겠는데. 우선 응급 처치를 해야겠다. 그 가방 안에 보면 노란 병에 든 약이 있을 거야. 주사기랑. 어서!"

그러면서 아저씨는 점퍼를 벗어 한쪽 바닥에 깔았다. 수희는 마치 조수라도 된 듯 아저씨가 시키는 대로 했다.

"아, 장갑 먼저! 그 안에 보면 비닐 케이스에 수술용 장갑이 들어 있을 거야."

수희가 얼른 비닐 케이스에 들어 있는 라텍스 장갑을 꺼냈다. 그러자 아저씨는 두 손을 내밀었다. 수희는 잠시 머뭇거리다가 아저씨 손에 장갑을 끼워 주었다.

아저씨는 곧 능숙하게 고양이의 엉덩이 쪽에 주사를 놓고, 피가 흐르는 허리 쪽을 살폈다.

"네가 몸통 위쪽을 좀 잡아 줘야겠다. 너도 장갑을 껴. 두툼한 장갑 있지?"

마치 조수를 부리듯 아저씨가 말했다. 수희는 장갑을 끼고 조심스럽게 고양이의 몸통을 붙잡았다.

"치료할 때, 고양이가 꿈틀거릴 거야. 물려고 덤벼들지도 몰라. 그래도 고양이를 놓쳐선 안 돼. 알았지?"

수희는 고개를 끄덕였다.

곧 아저씨는 고양이의 찢어진 허리 부분을 소독하고 거즈를 붙인 다음 붕대로 감았다. 소독을 할 때 고양이가 심하게 꿈틀거렸다. 앞발을 버둥거리면서 할퀴려 했고, 목을 돌려 물려고 했다. 그러면서 얼마나 앙칼지게 울부짖는지, 무서웠다. 그랬기 때문에 수희는 눈을 꼭 감고 고양이의 몸통을 눌렀다.

그때 아저씨가 말했다.

"겁이 나는 모양이로구나. 그렇다고 그렇게 꽉 누르면 고양이가 숨을 못 쉴 거야."

"네? 네에."

눈을 뜨고 아저씨를 쳐다보았다. 그랬더니 아저씨가 씩 웃으며, 이번에는 앞다리 쪽을 어루만졌다. 발목을 건드리자 고양이가 유독 파르르 떨었다.

"여기가 부러진 모양이다. 흠……. 여긴 일단 압박 붕대로 고정한 다음 데려가야겠다. 발 좀 잡아 주렴."

이번에도 수희는 시키는 대로 했다. 아저씨는 고양이가 앞발을 움직이지 못하도록 압박 붕대로 감았다. 그런 다음 말했다.

"이제 간단한 응급 처치는 끝났네. 네 덕분이다. 고맙구나."

"네? 저는 한 게 아무것도 없……."

"그런데 동물을 아주 좋아하는 아이구나?"

얼굴이 빨개져서 말을 머뭇거리는데 아저씨가 말했다. 수희는 깜짝 놀랐다. 오래 간직했던 비밀을 들킨 기분이랄까.

"그, 그걸 어떻게 알았어요?"

"네게서 사료 냄새도 나고, 손등을 보니까 고양이에게 할퀸 자국도 좀 있는 것 같구나. 그것만으로 판단해 본다면 동물이랑 아주 가까이 지내는 사람 아니겠어?"

"네에……."

"그리고 아까 무서워하면서도 한 번도 놓지 않고 고양이를 붙들고 있는 걸 보고 담력도 좀 있구나 싶었지. 네가 수의사가 된다면 잘 해낼 것 같구나."

그렇게 말하면서 아저씨는 한쪽 눈을 찡긋했다. 수희는 아무런 말도 하지 못하고 잠시 멍하니 아저씨를 쳐다보았다. 아저씨는 곱슬머리에 눈썹이 짙었다. 눈은 컸고, 콧날이 오뚝했다.

"근데 아저씨도 수의사이신가요?"

"응. 일이 없는 날은 가끔씩 나와서 길고양이도 돌보곤 해. 너도 그러지?"

"네에? 네……."

"그런데 정말 너도 수의사가 되고 싶은 거야?"

아저씨는 점퍼로 고양이를 감싸안고 일어났다. 수희는 아저씨 뒤를 졸졸 따라갔다.

"네, 저는 꼭 수의사가 되어서 아주 예쁜 동물 병원을 차릴 거예요. 그래서 우리 동네 강아지, 고양이 들의 수호천사가 될 거고요."

아저씨의 질문에 수희는 자신 있게 대답했다. 그런데 무슨 일인지 아저씨가 수희의 말에 살짝 이맛살을 찌푸렸다. 하지만 곧 씩 웃어 보이고는 되물었다.

"예쁜 동물 병원?"

"네. 병원 안에 강아지 놀이터도 만들고, 놀이터엔 장난감도 잔뜩 갖다 놓을 거예요. 병원 앞에도 뜰을 만들어서 강아지들이 마음껏 뛰어놀게 하고요. 누구나 강아지랑 놀 수 있게 할 거예요."

"오! 그래? 강아지와 고양이가 아주 좋아하겠는걸?"

"정말요?"

"그럼! 모를 것 같아도 병원을 찾아오는 동물들도 어떤 곳이 편안하고 쾌적한 곳인지 다 알거든!"

"와아!"

수희는 방긋 웃었다. 자신의 생각을 칭찬해 주는 사람은 처음이었다. 게다가 아저씨가 수의사라니, 더욱 기분이 좋았다.

그런데 잠시 후, 아저씨가 미소를 지으며 한마디 덧붙였다.

"하지만 수의사가 아주 달콤한 직업만은 아니란다."

"네?"

뜻밖의 말에 수희는 되물었다.

"음, 혹시 동물 병원에 하루 종일 있어 본 적이 있니? 내 말은 수의사가 어떤 일을 하는지 본 적이 있느냐고 묻는 거란다."

"그건 아직……."

수희는 고개를 저었다. 한두 시간 정도까지는 있어 보았지만, 하루 종일 동물 병원에 있어 본 적은 없었다.

"그랬구나. 아무리 겉으로 예쁘게 보이는 동물 병원이라도 그 안에서는 숨 막히는 일들이 벌어진단다."

"숨이 막힌다고요?"

"응. 네가 상상할 수 없는 일들 말이다."

수희는 눈을 동그랗게 뜨고 아저씨를 빤히 쳐다보았다.

"만약 네가 알게 되면, 당장이라도 수의사 안 할 거라고 소리 칠지도 모를걸?"

"설마요?"

놀리는 것 같아서 수희는 고개를 저었다. 그러자 아저씨가 알 수 없는 미소를 지었다.

"흠, 그래? 그럼, 무슨 일이 있어도 수의사가 되려는 결심을 꺾지 않겠다?"

"네, 그럼요!"

수희는 고개를 크게 끄덕였다.

"그럼, 우리 병원에 한번 놀러 올래? 수의사가 되고 싶다니까, 특별히 초대하는 거야!"

"……."

"하루 종일 우리와 시간을 보내다 보면 수의사가 무얼 하는 직업인지 좀 더 잘 알 수 있지 않을까?"

"아르바이트 같은 건가요?"

"글쎄, 엄격히는 아르바이트라고 말하기 좀 그렇고, 현장 학습 쯤으로 해 둘까? 병원에서 수의사나 간호사도 돕고, 그러면서 동물 병원이 어떤 곳인지 공부도 하는 거야. 어때?"

"조, 좋아요. 언제부터 하면 되나요?"

아저씨의 말에 수희는 더 생각도 않고 고개를 끄덕였다.

"주말부터 올래? 큰길 사거리에 빵집이 있지? 그 뒤편 건물에 우리 동물 병원이 있단다. 와서 강양희를 찾아. 그게 내 이름이야."

"네, 알겠어요."

"그나저나 네 이름은 뭐지?"

"수희요."

"음……. 어쩐지 수의사를 생각나게 하는 이름이구나."

"무슨 말씀이세요?"

"아니다. 어쨌든 토요일 날 보자."

강양희 아저씨는 씩 웃고는 수희의 어깨를 툭 쳤다.

24시간이 모자라

사거리 동물 병원은 4층짜리 건물과 7층짜리 건물 사이에 끼어 있는 낡은 2층짜리 건물이었다. 더구나 다른 건물에 비해 안쪽으로 예닐곱 발짝 들어가 있어서 마치 숨어 있는 모양새였다. 그래서 찾는 데 한참 걸렸다.

휴! 흰색 바탕에 녹색 글씨의 간판은 또 어떻고? 첫 느낌은 꽤나 촌스러워 보였다. 다른 동물 병원은 간판에 강아지, 고양이의 그림도 있고, 분홍색에, 글자 하나하나도 귀엽게 모양을 냈는데, 각이 진 딱딱한 글씨가 영 맘에 들지 않았다.

'동물 병원 이름도 사거리 동물 병원이 뭐야? 행복한 우리 가족, 멍멍이랑 야옹이랑. 이런 곱상한 이름들이 얼마나 많은데?'

그런 생각을 하면서 수희는 병원 정문으로 향하는 계단 위로

한 걸음 내디뎠다. 허름한 반투명 유리문이 왠지 을씨년스러워 보였다. 아침이라 드나드는 손님이 없어서 더 그런지 몰랐다. 그래서 동물 병원 안으로 들어갈까 말까 잠시 머뭇거렸다.

물론 선뜻 들어가지 못한 건 엄마 때문이기도 했다. 엄마에게는 '과학 수행 평가 하러 친구랑 생태 공원에 갈 거예요. 하루 종일 꽃 이름을 외워야 해요. 우리 마을에는 어떤 나무가 자라는지도 살펴야 하고요.'라고 말하고 나왔지만, 기분이 썩 개운하지 않았다. 왠지 엄마는 믿는 눈치가 아니었다.

'나중에 엄마가 알게 되면 꾸중을 심하게 들을 텐데······.'

걱정이 앞서서 수희는 잠시 제자리를 맴돌았다. 하지만 궁금증은 참을 수가 없었다. 무엇보다 수의사들이 어떻게 하루를 보내는지 궁금했다. 숨 막히는 일들이 벌어진다든가, 상상할 수 없는 일이 벌어진다는 말도. 그뿐만 아니라 수의사가 되는 방법을 미리 배울 수도 있다는 생각이 들자 더욱 가슴이 두근거렸다. 그리고 혹시라도 라푼젤을 병원에 데려가야 한다면, 도움을 청할 수 있을지도 모르므로.

수희는 거기까지 생각하고 주먹을 꽉 쥐었다. 그리고 병원 안으로 들어섰다. 시계를 보니 8시 50분이었다.

사거리 동물 병원에는 수의사가 세 명 있었다. 얼마 전 만난 곱슬머리 강양희 선생님과 약간 뚱뚱하면서 턱에 파릇한 면도 자국이 선명한 고영환 선생님, 키가 작고 왼쪽 뺨에 예쁜 보조개가 움푹 파인 최은숙 선생님. 그리고 간호사 선생님 두 명.

강양희 선생님은 수희에게 그 모든 사람들을 한꺼번에 대충 소개해 주고는, '자, 일단 청소부터 할까?'라고 말했다.

'자, 동물 치료는 이렇게 하는 거야. 내가 하는 거 잘 봐! 고양이는 특히 이런 걸 조심해야 해. 참, 강아지는 무엇보다도……'

이런 그림을 상상했던 수희는 실망하고 말았다. 처음부터 청소라니! 일단 시키는 대로 수희는 청소부터 시작했다. 대기실과 여러 개의 진료실, 수술실은 물론이고 동물 환자 입원실까지 쓸고 닦았다. 그런 다음에는 입원해 있는 동물들의 케이지마다 똥 오줌을 치워 주고, 시간 맞추어 사료도 넣어 주었다.

청소가 마무리된 다음에는 병원의 유리문을 깨끗하게 닦았다. 사거리 동물 병원이라 쓰인 글자도 싹싹 문질렀다. 입구 한쪽에 놓여 있는 용품들도 반듯하게 정리했다.

그것만 하는 데도 두 시간이 훌쩍 지나갔고 땀이 삐질삐질 났다. 그러자 조금 짜증이 났다.

"쳇! 이런 것도 수의사가 해야 하는 건가?"

수희는 자신도 모르게 혼잣말로 쫑알댔다. 그런데 하필 그때, 강양희 선생님이 지나가다 듣고 말았다.

"당연하지. 동물 병원은 청결이 가장 중요하다는 것 몰라? 동물의 생명과 직결되는 곳이니까! 그러니까 누가 하든 꼭 해야지! 안 그래?"

수희는 얼굴이 빨개졌다. 하긴 유명한 운동선수나 아이돌 가수도 처음에는 청소부터 했다니까.

그러는 동안 사거리 동물 병원 수의사와 간호사 들은 입원한 동물 환자들의 상태에 대해서 서로 의견을 나누었다. 그런 뒤에는 입원한 동물 환자들을 일일이 점검했다.

"루시, 어젯밤에 어땠어? 많이 아프지 않았어?"

"으앗! 털보, 오늘은 손도 핥아 주네? 정말 많이 나았나 보네.

축하해!"

　10시 30분이 넘어서자 동물 환자들이 하나둘씩 찾아왔다. 감기에 걸렸는지 누런 코를 질질 흘리는 강아지, 안구 건조증 때문인지 눈물을 흘려서 눈 주위가 축축하게 젖어 있는 개, 눈곱이 잔뜩 낀 고양이…….

　진료는 주로 강양희 선생님과 최은숙 선생님이 맡았다. 고영환 선생님은 피 검사를 하기도 하고 엑스레이도 찍었다. 가끔은 자료실이라고 쓰인 방에 들어가서 두꺼운 책이나 서류철을 뒤적이기도 했다. 간호사 선생님들은 새 동물 환자가 오면 주인에게

증상을 묻고, 진료를 기다리는 동물 환자들의 치료를 도왔다. 바빠 보이긴 했지만, 강양희 선생님이 말한 상상할 수 없는 일은 일어나지 않았다.

'이 정도는 뭐…….'

수희는 저 혼자 중얼거리고 고개를 끄덕였다.

그러고 있을 때, 병원 문이 열리고 초등학교 2학년쯤 되어 보이는 여자아이가 엄마와 함께 들어왔다. 여자아이는 초록색으로 귀와 꼬리를 염색한 흰색 푸들을 안고 있었다. 한눈에 보아도 푸들은 생기가 없어 보였다.

"우리 초롱이한테 초콜릿을 주었더니 데굴데굴 구르고 막 토했어요."

여자아이는 간호사 선생님이, '유진이 왔네? 초롱이 또 아프니?' 하고 묻자, 대뜸 그렇게 말했다. 계속 울었는지 눈가가 촉촉했고 뺨에 얼룩이 져 있었다.

"어디 보자. 많이 놀랐겠구나."

마침 대기 환자가 없었던 강양희 선생님이 얼른 초롱이를 진료실로 데려갔다. 그리고 청진기를 가슴에 대 보기도 하고, 눈을 뒤집어 작은 전등으로 살펴보기도 했다. 배를 꾹꾹 눌러 보고, 입을 벌려 혓바닥을 상세히 살펴보았다.

"그래도 초롱이가 초콜릿을 많이 먹지 않은 모양이다. 곧 괜찮아질 거야."

"정말요?"

유진이는 울음을 멈추고 강양희 선생님에게 되물었다.

"응. 그런데 초롱이 지난번에는 감전되어서 오지 않았었니?"

"마, 맞아요."

유진이는 커다란 눈을 껌뻑이며 고개를 끄덕였다. 옆에 있던 유진이 엄마가, '제가 가게를 하거든요. 그래서 강아지를 잘 돌보지 못해요.'라고 덧붙였다. 강양희 선생님은 아줌마를 힐끗 쳐다보더니 다시 유진이를 향해 말했다.

"그래. 그래서 우리 유진이가 초롱이 돌보는 방법을 잘 모르는가 보구나. 책 한 권만 봐도 강아지를 키울 때 어떻게 해야 하는지 알 수 있……."

강양희 선생님은 문득 말을 끊고 수희를 바라보았다. 그러더니 말을 이었다.

"이럴 게 아니라, 꼬마 수의사 선생님이 유진이한테 강아지를 키울 때 주의할 점에 대해서 좀 알려 주면 안 될까?"

"제, 제가요?"

"응. 미래에 수의사가 될 거니까, 그 정도쯤은 알려 줄 수 있지? 그동안 초롱이는 선생님이 진정 좀 시키고 있을게."

강양희 선생님은 웃으면서 말했다. 그 말을 듣는 순간, 수희는 대번에 가슴이 콩닥콩닥 뛰었다. '꼬마 수의사'라는 말 때문이었다. 그래서 자신 있게 '네. 할 수 있어요!'라고 대답해야 하는데, 문득 잘할 수 있을지 걱정이 들며 얼굴이 붉어졌다.

그때, 유진이가 수희를 쳐다보았다. 언니가 할 수 있느냐고 묻는 듯한 표정이었다. 수희는 고개를 끄덕이며 말했다.

"해, 해 볼게요."

수희는 대기실 한쪽으로 유진이를 데려갔다. 그리고 숨 고르기를 한 다음 입을 열었다.

"음, 강아지에게 먹여서는 안 되는 음식들 먼저 알려 줄게. 오늘처럼 초콜릿 같은 음식은 사람은 먹어도 되지만 강아지는 먹어서는 안 돼. 그리고 장난삼아 술을 먹이는 어른들도 있는데, 절대 안 돼."

그렇게 말하는 동안 유진이는 큰 눈을 동그랗게 뜨고 수희를

쳐다보았다. 한 번도 딴청을 피우지 않았다. 그래서 오히려 수희는 더 긴장됐다. 수희는 침을 꿀꺽 삼키고 말을 이어 나갔다.

"그리고 살충제나 표백제 같은 독성이 강한 것들은 사람에게도 위험하니까, 강아지가 잘 다니는 길목에 놓아두지 말고."

"응, 알았어, 언니."

수희가 말하는 동안 일그러진 얼굴을 조금씩 편 유진이는 뜻밖에도 생기 있게 대답했다. 그래서 수희는 한마디 더 했다.

"참, 초롱이가 감전된 적이 있다고 했지? 그럴 경우를 대비해서 콘센트에 꽂혀 있는 전원 코드는 항상 빼 두는 게 좋아. 바깥으로 보이는 전선들도 보이지 않게 해 두고. 어린 강아지들은 호기심 때문에 그런 것들을 물어뜯기도 하거든."

유진이는 이번엔 고개를 크게 끄덕였다. 수희는 자신도 모르게 미소가 지어졌다. 수희가 무언가 설명할 게 더 없는지 생각을 더듬고 있는데, 병원 문이 벌컥 열렸다.

"선생님! 우리 개가 새끼를 낳으려고 해요. 그런데……."

머리를 길게 풀어 헤친 아줌마가 대기실을 가로질러 진료실로 달려갔다. 최은숙 선생님이 아줌마로부터 개를 받아 진찰대 위에 올려놓고 있었다. 치와와 같았다.

"응급 상황이에요. 강양희 선생님, 도와주세요."

그 말과 함께 자료실에 있던 강양희 선생님이 부지런히 달려왔다. 그리고 최은숙 선생님과 함께 치와와를 수술실로 옮겼다.

시계가 11시 15분을 가리켰다.

수희는 궁금증을 참지 못하고, 수술실 쪽으로 조심스럽게 다가갔다. 그때, 안경 쓴 간호사 선생님이 다가와 수희에게 말했다.

"치와와가 난산인가 봐. 새끼가 거꾸로 나오고 있대."

"거꾸로요?"

"응. 잘못하면 새끼랑 어미 다 죽을 수 있거든."

"그럼 어떻게 해요?"

"괜찮아. 최은숙 선생님이 잘 해내실 거야. 내가 알기로는 못해도 백 마리 이상의 수술을 해냈다고 들었어."

"우아! 정말요?"

"응, 이리 와 봐."

그러더니 간호사 선생님은 수희를 수술실 옆방으로 데려갔다. 그 옆방 한쪽에는 작은 유리창이 나 있었다. 거기엔 이미 치와와를 안고 들어온 아줌마가 서성대고 있었다. 슬쩍 다가가서 보자, 수술실 안이 보였다.

치와와는 배가 있는 부분을 제외하고 녹색 수술 가운에 덮여 있었다. 아래쪽으로 갈색 꼬리가 보였다. 두 선생님과 간호사 선생님까지 왔다 갔다 하는 바람에 수술하는 장면이 온전히 다 보이지는 않았다. 하지만 손놀림과 분위기로 보아 매우 긴급한 것만은 분명해 보였다.

　얼마쯤 시간이 지났을까. 최은숙 선생님의 바쁜 손놀림 너머로 강아지가 한 마리씩 보였다. 간호사 선생님이 조심스레 강아지를 바구니에 담았다. 모두 세 마리였다.

　그런데 잠시 후, 최은숙 선생님이 마지막으로 나온 새끼 강아지를 손에 들더니 조금씩 흔들어 보았다. 무슨 일일까? 최은숙 선생님은 강아지를 귀에 대 보기도 했다. 함께 지켜보던 간호사 선생님이 중얼거리듯 말했다.

　"어떻게 해! 숨을 안 쉬나 봐."

　"어휴! 한 마리는 죽는 거여?"

　그 말에 아줌마가 발을 동동거리며 물었다. 그러고 보니 최은숙 선생님 손에 들려 있는 강아지가 축 늘어져 있었다.

　그런데 그때, 최은숙 선생님이 갓 태어난 새끼의 주둥이와 코를 입으로 쭉쭉 빨아 대기 시작했다.

　'우욱!'

　수희는 자신도 모르게 손을 입으로 막았다. 비위가 상했기 때문이었다. 간호사 선생님이 등을 토닥이며 말했다.

　"괜찮아. 아마 콧속에 이물질이 들어가서 숨을 못 쉬는 모양이야. 최은숙 선생님이 지금 그걸 빨아내려는 거야."

　"저, 저걸 수의사들이 다 해야 하는 거예요?"

"그럼! 한 마리라도 살려야지. 그게 수의사가 할 일이지."

"하아……."

수희는 무슨 말을 하려다 입을 닫았다. 속이 울렁거렸기 때문에 수희는 밖으로 나왔다.

'이런 거였나? 상상할 수도 없는 일이 일어난다는 게?'

수희는 긴 숨을 내쉬고 대기실 소파에 폴싹 주저앉았다. 유진이가 초롱이를 안고 지나가며 '언니, 안녕!' 하고 인사했지만, 수희는 고개만 끄덕이고 말았다.

최은숙 선생님과 강양희 선생님이 지친 얼굴로 수술실에서 나온 건 30분쯤이 더 지나서였다.

"다섯 마리를 다 살릴 수 있어서 다행이에요."

"역시 최 선생님이 최고입니다."

그런 대화를 나누며 강양희 선생님과 최은숙 선생님은 하이파이브를 했고, 서로 엄지손가락을 추켜세워 주었다. 하지만 두 사람은 쉴 틈도 없이 기다리고 있던 동물 환자를 진료해야 했다. 더구나 그중에서 토이푸들을 데리고 온 아줌마는 최은숙 선생님에게 소리를 지르기도 했다.

"이봐요! 지금 우리 애기한테 무슨 짓을 하는 거예요? 내가 강아지 등에 난 종기를 치료해 달랬지, 누가 우리 애기를 그렇게 함부로 다루라고 했어요?"

하지만 그건 수희가 봐도 억지였다. 로즈라는 이름의 토이푸들은 최은숙 선생님이 치료를 하기도 전에 크르렁대며 자꾸만 물었다. 나중에는 장갑을 물더니 도무지 놓질 않았다. 심지어 달려들기까지 했다. 하는 수 없이 최은숙 선생님은 입마개로 녀석의 입을 틀어막을 수밖에 없었다.

그런데 그걸 보더니 아줌마가 고래고래 소리를 치는 거였다.

"아기가 불편할 거 아니에요. 얼른, 얼른 입마개 떼라고요."

그러자 최은숙 선생님도 화가 났는지, 아줌마를 향해 말했다.

"그럼 치료 못 합니다. 수의사가 동물을 치료하는 건 맞지만, 물려 가면서까지 진료할 수는 없어요. 데려가세요."

그랬더니 아줌마가 '무슨 이런 병원이 있느냐?' 하면서 험한 말을 해 댔고, 최은숙 선생님도 마음대로 하라며 버텼다. 잠시 후, 강양희 선생님이 달려와 둘을 화해시킨 뒤 얼른 치료를 마쳤다.

"이런 일은 하루에 한 번쯤은 꼭 일어나지. 어떤 보호자는 자기 고양이에게 아프게 주사를 놓았다고 잔소리를 해 대질 않나, 치료 중에 강아지가 조금만 찡찡대도 바짝 얼굴을 들이대고 진료에 참견하는 사람도 있어. 참 나, 지난번엔 있잖아……."

수희는 또 어떤 일이 있는지 궁금해 귀를 기울였다.

"이런 일도 있었어. 어떤 아저씨가 잡종견을 한 마리 데려왔지 뭐야. 건강한지, 병은 없는지 살펴봐 달라는 거야. 그래서 선생님이 아무 이상 없다고 하니까 대뜸, 그럼 잡아먹어도 되는 거죠, 이러더라? 기가 막혀서……."

"네에?"

수희는 깜짝 놀라 간호사 선생님을 쳐다보았다.

12시 50분, 겨우 오전이 지났는데도 수희는 정신이 하나도 없었다. 그래서 배달시켜서 먹은 햄버거와 치킨이 어디로 들어가는지 알 수가 없었다. 강양희 선생님이 '오늘은 꼬마 수의사의 현장 학습 첫날이니까 기념으로 내가 살게.' 한 거여서 누구보다 맛나게 먹었어야 했는데, 수희는 햄버거를 절반밖에 먹지 못했다.

"이봐, 꼬마 수의사. 얼른 다 먹으라고. 수의사에게 가장 필요한 것 중 하나가 뭔지 알아? 체력이라고! 내 말 알아들어?"

최은숙 선생님이 수희의 어깨를 툭툭 쳤다.

강양희 선생님이 씩 웃으며 고개를 끄덕였다. '할 만해?'라는 표정으로. 그래서 수희는 고개를 끄덕였다. 속으로는, '아직은요! 이쯤이라면 충분히 견딜 만해요.'라고 대답하면서.

우리가 모르는 동물도 있어요

수희는 얼른 월요일 오후가 되기만을 기다렸다.

일요일에는 전날 동물 병원에서 있었던 일을 하나하나 떠올리며 되새겼고, 틈이 나면 컴퓨터를 켜고 수의사가 하는 일을 두루 찾아보았다. 혹시라도 토요일처럼 동물 병원을 찾아오는 아이에게 해 줄 말이 있을지도 모르겠다는 생각에서였다. 숙제를 하다가도 컴퓨터를 들여다보느라 엄마에게 핀잔을 듣기도 했지만, 짜릿한 긴장감마저 들었다.

정작 월요일이 되자 시간이 좀체 빠르게 가지 않았다. 수업 시간 한 시간 한 시간이 더디기만 했다. 조바심이 나서 수업 시간에 선생님의 목소리가 하나도 들리지 않을 지경이었다. 자꾸만 다리를 떨기도 했다. 그게 방정맞아 보였는지 민주가 한마디 했다.

"도대체 오늘따라 왜 그래?"

"응? 그, 그게……."

"알겠다. 동물 병원에 놀러 가는 것 때문에 그러는 거지?"

"아니야. 놀러 가는 거 아니야. 현장 학습이야."

"쳇! 그게 그거지. 아무튼 좀 진정해. 이제 한 시간 지나면 끝나잖아. 정신이 하나도 없어. 우리 강아지에 대해서 물어봤는데 대답도 안 해 주고……."

민주가 뽀로통하더니 투덜거렸다. 수희는 아차 싶었다.

"미, 미안. 아까 뭐랬지? 강아지가 밤마다 낑낑댄다고 그랬지? 그건 어미랑 떨어진 지 얼마 안 돼서 그럴 거야. 그러니까 조금만 기다려 보고……. 아, 배변 훈련에 대해서도 물었지? 그건……."

수희가 떠벌리듯 말하자, 민주는 손을 들어 말을 끊었다.

"됐어. 내가 알아서 할게."

"너 정말 화난 거야?"

민주는 수희의 물음에 말 대신 턱짓으로 앞을 가리켰다. 어느새 선생님이 칠판 앞에 서 있었다.

수희는 메모지를 뜯어 민주에게, '미안해!'라고 써서 건네주었다. 다행히 민주는 씩 웃어 보였다.

수업이 모두 끝나자마자 수희는 동물 병원으로 달려갔다. 그런데 동물 병원에는 뜻밖의 일이 기다리고 있었다.

3시 30분쯤, 고슴도치가 나타났다. 머리카락을 빨갛게 물들인 언니가 회색빛 담요에 둘둘 말아 안고 나타난 고슴도치는 한눈에도 기운이 없어 보였다.

"동물 병원에서 고슴도치도 진료해요?"

수희는 고슴도치가 나타난 것 자체가 신기해서 안경 쓴 간호사 선생님에게 물었다.

"글쎄, 고영환 선생님이 하실지 모르겠네. 하긴 작년 가을에는 어떤 중학생이 새끼 악어를 데리고 왔더라!"

"으앗! 악어를요?"

"응. 새끼 악어가 병에 걸렸다고 하는데, 뭐 알 수가 있어야지. 그때도 고영환 선생님이……."

그런 말을 주고받는데, 고영환 선생님이 빨간 머리 언니를 불렀다. 언니는 얼른 들어갔다.

"68일째 되었는데, 그저께부터 설사를 하고 가시가 자꾸 빠지는 것 같아요. 뒷발도 잘 못 쓰는 것 같고요."

빨간 머리 언니의 말에 고영환 선생님이 고개를 끄덕거렸다. 손바닥만 한 고슴도치를 진찰대 위에 올려놓고 청진기를 대 보았다가, 입도 벌려 보고, 배를 쓰다듬다가, 고슴도치의 가시를 일일이 살펴보기도 했다. 한참을 그러더니 말했다.

"설사를 하는 건 장염 때문인 듯합니다. 가시가 빠지는 건 피부병이 좀 있는 것 같고요. 그런데 뒷발을 잘 쓰지 못하는 건 원인을 알 수가 없네요."

"네? 병원에서 그것도 몰라요?"

빨간 머리 언니는 불만이 가득한 표정으로 되물었다.

"죄송합니다. 저희 병원에는 고슴도치에 대한 히스토리가 많지 않아서 치료가 어렵습니다."

"뭔 병원이 이래요? 수의사가 고슴도치 하나를 못 고쳐요?"

"수의사라고 모든 동물을 다 잘 고칠 수 있는 건 아닙니다. 질병에 따라 적확하게 치료할 수 있는 경우도 있고, 그렇지 않은 경우도 있고요. 해당 동물의 치료 사례가 많아야 하는데……."

"알았으니까, 됐고요. 그럼, 이리 주세요."

빨간 머리 언니는 불만에 가득 차서 진찰대 위에 있던 고슴도치를 날름 끌어안고 대기실로 나갔다.

수희는 한참 만에 간호사 선생님에게 물었다.

"이런 일이 자주 일어나요?"

"응? 자주 일어나지는 않아. 다만 특수 동물을 데려오는 경우에는 종종 소동이 빚어지곤 하지."

"특수 동물요?"

"개나 고양이처럼 흔한 동물에 대해서는 수의사들이 웬만한 증상을 다 알고 치료하는데, 그 외의 특이한 동물들은 히스토리가 없어서……."

"히스토리요? 아까도 고영환 선생님이 그 말씀을 하시던데?"

수희는 간호사 선생님의 말을 끊고 물었다.

"아, 히스토리란 건 고슴도치면 고슴도치, 뱀이면 뱀, 악어면 악어에 대한 치료 과정과 결과를 말하는 거야."

"……?"

"이를테면 고슴도치 가시가 빠질 때는 이런 치료를 했더니 나았더라. 혹은 어떤 치료를 하니까 낫지 않더라, 하는 것들 말이야. 그런 게 많으면 많을수록 병에 걸린 동물을 치료하기가 쉽겠지? 하지만 특수 동물일수록 이런 자료들이 부족해."

"결국 그런 자료가 부족하면 어떤 치료를 하고 어떤 약을 써야 하는지 모르게 되는 거로군요."

"그래, 바로 그거야!"

간호사 선생님이 고개를 끄덕였다. 그러면서 한마디 더 했다.

"특히 요즘에는 별의별 동물들을 다 키우잖아. 새, 토끼, 햄스터 같은 녀석들은 뭐 그래도 좀 나은데, 도롱뇽이니 악어 같은 건 정말 히스토리가 없거든. 이 병원에서는 고영환 선생님이 특수 동물을 담당하는데, 아까처럼 치료를 못 하는 경우도 종종 있어. 그래서 미안해하지."

그제야 수희는 고영환 선생님이 아침부터 자료실을 들락거리면서 두꺼운 책이나 서류를 보는 이유를 알 것 같았다. 그리고 한편으로는 수의사의 세계가 점점 복잡해지는 느낌이 들었다.

그때, 주머니에 넣어 둔 휴대 전화가 부르르 떨렸다. 수희는 얼른 전화기를 꺼냈다. 한마음 언니에게서 온 메시지였다.

─ 수희야, 라푼젤이 상태가 더 안 좋아지고 있어. 더 심각해지기 전에 병원에 데려가거나 동물 보호소에 보내야 하지 않을까 싶은데. 오늘 잠깐 들를 수 있니?

메시지를 받은 이후, 수희는 자꾸만 라푼젤이 생각났다.
'어쩌지? 라푼젤이 잘 견뎌 주었으면 했는데……'
그 생각이 머릿속에서 떠나지를 않았다. 그래서 한 시간이 넘도록 동물 병원 안을 건성으로 돌아다녔다. 머릿속에 라푼젤 생각만 그득하니 무얼 해도 마뜩하지가 않아서였다.

"꼬마 수의사님, 무슨 걱정이 있나? 신나는 표정이 아닌데?"

어떻게 알아차린 걸까? 최은숙 선생님이 지나가면서 슬쩍 던지듯 말했다. 그 말에 수희는 가슴이 뜨끔했다.

'그래, 이따가 라푼젤한테 가기로 하고, 우선은 현장 학습을 열심히…….'

막 그런 생각을 하며 다짐을 할 때였다. 강양희 선생님 진료실에서 큰 소리가 울려 나왔다.

"그래서 나보고 이 개를 수술하라는 거여?"

무슨 일일까 싶어서 수희는 슬쩍 가 보았다. 누런 강아지가 숨을 헐떡이며 진찰대 위에 널브러져 있었다. 많이 아파 보였다.

"난 못 혀! 그딴 걸 왜 해야 혀!"

강양희 선생님과 마주 선 할아버지가 소리를 높였다.

"할아버지, 그냥 이대로 두면 이 개는 죽을 수도 있어요. 얼른 수술해야 합니다."

그 말에 수희는 라푼젤이 아까보다 더 또렷하게 생각났다. 죽을 수도 있다는 말이 가슴을 아프게 했다. 그런데 이상한 건 할아버지였다. 할아버지는 아무렇지도 않은 듯 말했다.

"그럼, 뭐 할 수 없지."

"네? 그게 무슨……?"

할아버지의 말에 강양희 선생님은 기운 빠진 표정을 지었다. 수희도 마찬가지였다. 많이 아파 보이는 개를 그냥 죽게 내버려 둔다는 게 말이 되지 않는다고 생각했기 때문이다.

"할 수 없지, 뭘. 수술하려면 돈이 꽤 들 텐데, 그냥 안락사시켜 줘유. 나도 갈 데 없이 떠도는 개를 데려다 키운 건데……. 그게 지눔 팔자인 모양이구먼."

할아버지는 아무 거리낌 없이 말했다.

"후유!"

강양희 선생님은 한숨만 쉬었다.

"안락사 못 시켜유? 그럼, 할 수 없지. 내가 다시 데리고 가야지, 뭐."

그러더니 벌떡 일어서서 진찰대 위의 개를 끌어안았다. 그러자 최은숙 선생님이 가로막았다.

"할아버지, 그냥 놓고 가세요. 연락드릴 테니까, 가서 기다리세요."

"최 선생님!"

최 선생님의 말에 할아버지는 개를 내려놓았고, 강양희 선생님은 놀란 듯 최은숙 선생님을 바라보았다.

"그럼, 어떻게 해요? 죽을 수도 있는 아이를 돌려보낼 수는 없잖아요."

최은숙 선생님의 말에 강양희 선생님이 머뭇거렸다. 잠시 무슨 생각을 하는 듯했다. 그러더니 말했다.

"일단 응급 처치만이라도 해 드릴게요. 잘 돌보시면 얼마 동안은……."

그 말에 최은숙 선생님은 아픈 강아지를 진찰실로 데려갔다. 그 뒷모습을 멍하니 바라보는데, 누군가 수희 뒤로 다가와 어깨에 손을 올려놓았다. 얼른 돌아보니 간호사 선생님이었다.

"휴! 괜찮아. 이런 일 종종 있어. 수술비가 비싸니 안락사를 시켜 달라는 사람도 있고, 아픈 강아지를 병원 앞에 무작정 두고 가기도 하고. 그러면 또 선생님들은 어떻게든 살리려고 하고……."

"……."

"지지난달에는 그런 아저씨도 있었어. 탈장이 발생한 개를 데려와서 진찰도 하기 전에, '개가 아픈 것 같아서 데려오긴 했는데, 돈은 없어.'라는 거야."

"어머나! 정말요?"

"응. 그래서 어쩔 줄을 몰라 강양희 선생님한테 이야기했더니, 수술은 해 주시더라."

"돈은 안 받고요?"

"그분도 어렵게 사시는 분이라, 강양희 선생님이 딱 수술에 필요한 약품 값만 조금 받으셨어."

"아아! 그래도 걔는 운이 좋은 편이네요."

간호사 선생님의 말에 수희는 얼결에 그런 말을 꺼내 놓았다. 문득 라푼젤이 생각나서였다. 라푼젤이야말로 이러지도 저러지도 못한 채 어찌할 바를 모르고 있으니 말이다.

그런데 그 말이 이상했는지 간호사 선생님이 되물었다.

"으응? 무슨 소리니?"

"아, 아니에요."

수희는 얼굴이 빨개져서 얼른 대기실로 돌아갔다. 그리고 한마음 언니에게 메시지 답장을 보냈다.

― 이따, 저녁때 들를게요. 라푼젤 많이 아픈가요?

라푼젤, 제발 힘을 내

일요일 아침이라 거리도 한산한 편이었다.

라푼젤은 수희가 안고 걸어오는 동안 내내 끙끙거렸다. 그때마다 수희는 라푼젤의 엉덩이를 토닥거렸다.

"괜찮아, 라푼젤. 조금만 참아!"

그래도 라푼젤은 가끔 파르르 떨었고, 계속 신음 소리를 냈다. 안되겠다 싶어 수희는 더 빨리 걸었다. 숨이 차올랐지만 멈추지 않았다. 수희는 숨을 헉헉대며 사거리 동물 병원 앞에 섰다.

'내가 라푼젤을 고쳐 달라고 하면 들어주실까?'

일주일 동안이나 한마음 언니가 돌보아 주었지만, 이제는 방법이 없었다. 하루 이틀은 조금 나아지는 것 같더니, 라푼젤은 다시 더 아파했다. 결국 방법이 없고, 갈 만한 데가 없어서 무작정 데리고 오긴 했지만, 수희는 걱정이 되었다. 하지만 이미 엎질러진 물이었다.

수희는 조심스럽게 문을 밀었다. 하지만 문은 꼼짝도 하지 않았다. 힘을 주어 보았지만 마찬가지였다.

솔직히 예상을 못 한 것은 아니었다. 일요일엔 점심시간이 지난 뒤에 문을 여니까. 수희는 강양희 선생님이나 다른 선생님들 전화번호라도 적어 오지 않은 것을 후회했다.

수희는 라푼젤을 안고 그 자리에서 발만 동동 굴렀다.

'어쩌지? 다시 한마음 애견 센터로 데려가야 하나?'

그렇게 생각했다가 수희는 고개를 저었다. 한마음 언니도 오늘은 볼일을 보러 나간다는 말을 했기 때문이다.

'다시 아빠에게 전화라도 해 볼까?'

하지만 며칠 전 엄마 몰래 전화했을 때, 아빠가 분명 그랬다. '그건 엄마와 상의해야 하지 않겠니?'라고. 그래서 울먹거리자 아빠가 어떻게 해 볼 도리가 없다고 덧붙였다.

결국 수희는 고개를 저었다. 그러다가 문득 집으로 데려갈까, 하고 생각했다가, 더 세차게 머리를 흔들었다. 바로 그때였다. 뜻밖에도 동물 병원의 문이 열렸다

"왜 여기서 오줌 마려운 강아지처럼 서성대고 있어?"

강양희 선생님이었다.

"어? 선생님, 병원에 계셨어요?"

"그럼, 수의사가 동물 병원에 있지, 어딜 가?"

능청스러운 강양희 선생님의 말에 수희는 하마터면 왈칵 눈물을 쏟을 뻔했다. 그러자 겸연쩍었는지 선생님이 말을 이었다.

"실은 오늘은 내가 오전 당번이야. 입원한 동물들도 보살펴야 하거든. 그런데 그렇게 꼭 끌어안고 있는 그 녀석은 뭐지? 흠, 어디 아픈 모양인데?"

강양희 선생님은 웃으며 대답하다가, 라푼젤을 발견하고는 눈을 가늘게 떴다.

"네, 라푼젤이 많이 아파요. 다리도 아프고……. 어떻게 해야 좋을지 모르겠어요. 선생님이 한번 봐 주시면 안 돼요? 하, 하지

만 치료비는……. 아르바이트를 해서 갚을게요. 모자라면 용돈이라도 모아서 가져다 드릴게요. 네? 선생님, 제발요!"

마음이 급해진 탓에 수희는 울먹이며 있는 말 없는 말을 마구 쏟아 놓았다.

"어이쿠! 꼬마 수의사님, 이러면 안 돼요. 수의사는 어떤 경우에도 대담해야 한다고 했잖아요. 자, 어디 이리 줘 봐. 이름이 라푼젤이라고 했나?"

강양희 선생님은 수희를 달래면서 라푼젤을 조심스럽게 받아 안았다.

"흐음, 녀석의 다리가……. 음, 보기보다 상태가 많이 안 좋은걸? 자세히 봐야겠지만."

고개를 갸웃거리면서 강양희 선생님은 병원 안으로 들어갔다. 강양희 선생님은 라푼젤을 진찰대 위에 올려놓고 상세히 진찰했다. 청진기를 가슴과 등에 대 보고, 눈을 관찰하고, 혓바닥까지 본 다음, 발을 감은 붕대를 풀었다.

라푼젤의 앞발은 많이 부은 데다 심하게 짓물러 있었다.

"이런! 많이 아팠을 텐데 이걸 어찌 견뎠을까? 음, 아무래도 안 되겠는걸……."

그러더니 강양희 선생님은 어디론가 전화를 걸었다.

"좀 급합니다. …… 네? 가능하세요. 그럼, 최은숙 선생님은……. 네, 기다리겠습니다."

수희는 누구에게 전화를 했는지 알 것 같았다. 아마도 고영환 선생님인 듯했다. 최은숙 선생님에게도 연락을 한다는 뜻 아닐까? 아니나 다를까, 강양희 선생님이 전화기를 내려놓고 말했다.

"곧 고영환 선생님이 오실 거야. 최은숙 선생님도. 같이 봐야 정확한 판단을 내릴 수 있을 것 같구나."

"혹시……."

"아니야. 너무 걱정할 필요는 없어. 잘될 거야. 그러니까 대기실에서 책 보고 있어. 나는 이 녀석에게 진통제라도 놔 줄게."

"그냥 옆에 있을 거예요. 수의사는 언제든 동물 환자 곁에 있어야 한댔어요. 아픔도 함께 나눌 수 있어야 진정한 수의사가 될 수 있다고 했어요."

"녀석, 책을 많이 읽었구나. 그래, 좋아. 그럼 지금부터 널 보조 의사로 임명할 테니 옆에서 나 좀 도와줘라. 지난번에 길거리에서 그랬던 것처럼."

수희의 말에 강양희 선생님은 고개를 끄덕이며 말했다. 그러고는 곧 일어나 라푼젤을 수술실로 옮겼다. 선생님은 라푼젤에게 수액을 꽂고, 진통제 주사도 놓았다. 그러는 동안 수희는 옆에서 강양희 선생님이 하라는 대로 라푼젤의 뒷다리를 붙잡기도 했고, 머리와 가슴을 쓰다듬으며 안정시키기도 했다.

잠시 후, 라푼젤은 눈을 깜빡거리더니 잠이 들었다.

고영환 선생님과 최은숙 선생님은 그로부터 약 1시간 후쯤 나타났다. 고영환 선생님은 졸린 듯한 눈을 껌뻑이며, 최은숙 선생님은 놀란 토끼 눈을 하고 병원으로 들어섰다. 두 사람은 강양희 선생님이 턱짓으로 수술실을 가리키자 두말없이 그쪽으로 걸어갔다. 그러고는 누가 먼저랄 것도 없이 라푼젤을 상세히 살폈다.

곧 고영환 선생님은 라푼젤을 데려가 엑스레이를 찍고 피 검사 결과도 확인했다. 강양희 선생님과 최은숙 선생님은 무언가 심각한 이야기를 나누었다. 그리고 약 30분이 지났을 때, 강양희 선생님이 다가와 조심스럽게 말했다.

"라푼젤은 지금 몹시 안 좋은 상태란다. 얼른 수술해야 해."

"많이 아픈 거예요? 설마……."

강양희 선생님의 진지한 말투에 나쁜 생각이 한꺼번에 몰려왔다. 말을 채 마치기도 전에 눈물이 쏟아졌다. 아무리 참으려고 해도 눈물이 그치지 않았다. 강양희 선생님이 수희의 손을 잡았다.

"이런! 수의사가 될 녀석이 이렇게 약한 모습을 보이면 되나? 음, 물론 동물을 진료하다가 보면 슬프기도 하고 가슴이 아프기도 하지만, 수의사는 치료를 할 때 냉정해야 할 필요도 있어. 그러니까 조금만 참고 기다려. 할 수 있지?"

그 말에 수희는 어금니를 꽉 물고 고개를 끄덕였다.

잠시 후, 강양희 선생님은 수술실로 들어갔다. 수희는 두 손을 가만히 모아 쥐었다. 라푼젤에게 아무 일도 없게 해 달라고 간절하게 기도를 올렸다. 그리고 눈물을 닦고 수술실 앞으로 갔다. 수술실 문 위에 '수술 중'이라는 빨간 글자가 선명하게 보였다.

'아아, 라푼젤, 제발 힘내!'

수희는 그 말을 수도 없이 중얼거렸다.

문득 집에서 키웠던 라푼젤이 다시 생각났다. 엄마의 표현대로 그토록 '지랄 맞은' 라푼젤이 병에 걸리고 나서는 쥐 죽은 듯 조용해졌다. 공책을 물어뜯지도 않았고, 신발을 숨겨 놓지도 않았다. 방 안을 뛰어다니기는커녕, 식탁 밑에 하루 종일 틀어박혀 꼼짝도 하지 않는 날이 많았다. 제일 좋아하던 닭 모양의 인형도

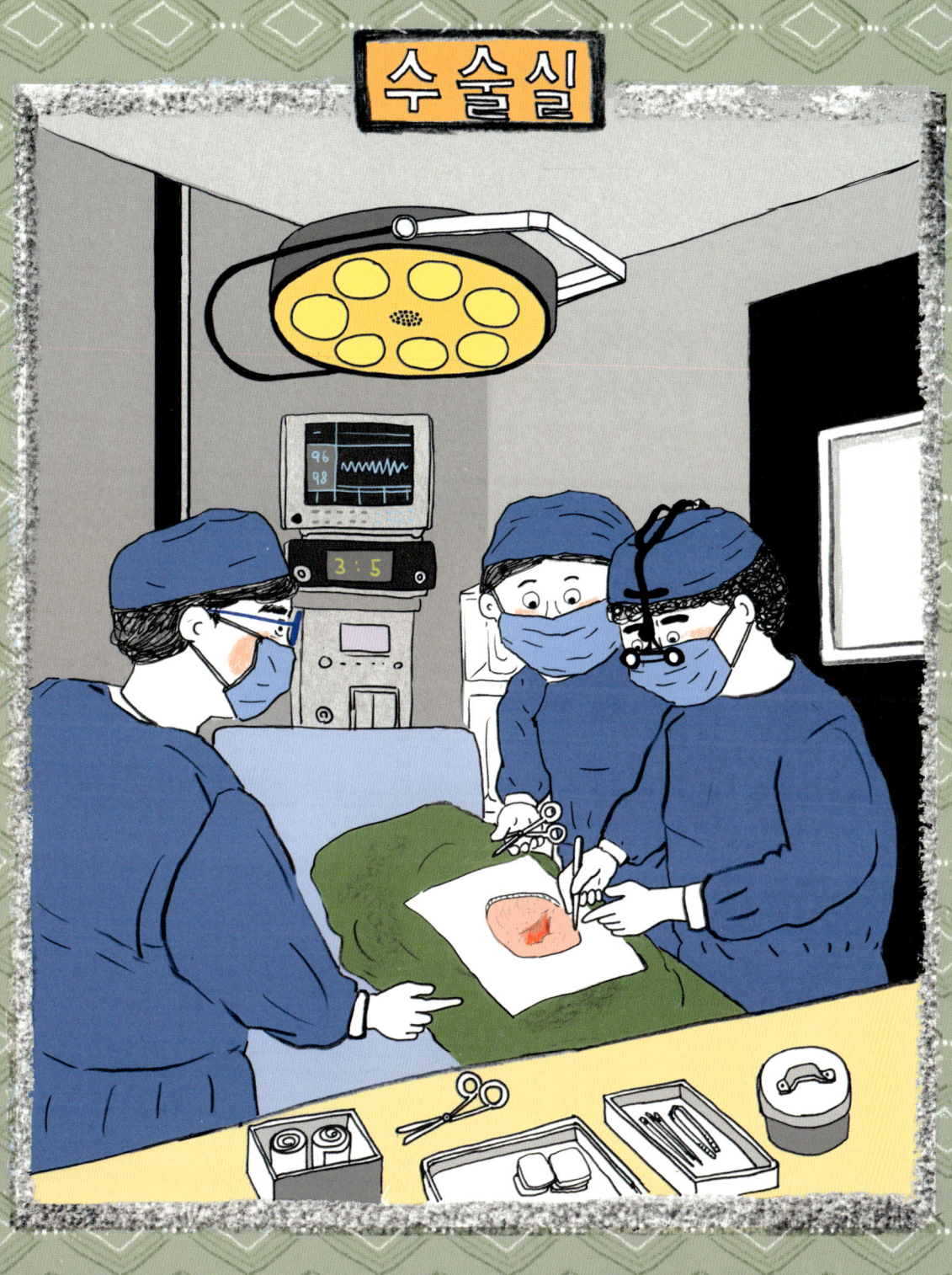

거들떠보지 않았다. 닭이 빽빽 소리를 낼 때마다 짖으며, 그것을 물고 여기저기로 뛰어다니던 모습도 더 이상 볼 수 없었다.

어떤 날은 베란다에 나가 한없이 창밖을 바라보기도 했다. 수희가 학교에 갔다가 돌아와도 한 번 멍하니 쳐다볼 뿐 꼬리도 흔들지 않았다. 예전 같았으면 겅중거리며 뛰어올라 수희의 바지를 흘러내리게 하고, 침이 잔뜩 묻은 혀로 종아리며 팔뚝을 핥아 댔을 텐데…….

어느 날부터 라푼젤은 밥을 먹지 않았다. 양고기와 닭고기가 든 통조림을 내밀어도 고개를 돌렸고, 아무리 입에 대 주어도 한 번 핥고는 그만이었다.

그런데도 정말 이상한 일은 그치지 않는 기침에 정신을 잃고 쓰러지기 직전까지 라푼젤은 수희 곁에서 잤다. 식탁이나 소파 밑에 끙끙거리면서 누워 있다가도, 수희가 잠들면 어느새 침대 아래에 누워 있곤 했다. 그래서 무서운 꿈을 꾸고 깨어나도 라푼젤이 있어서 언제나 든든했다.

어쩐지 지금도 손을 뻗으면 라푼젤이 걸어와 손등을 핥아 줄 것만 같았다. 그래서였을까. 수희는 자신도 모르게 중얼거렸다.

"라푼젤…….”

그랬다. 또다시 라푼젤을 떠나보내고 싶지 않았다. 수희는 주먹을 꼭 쥐었다. 그런데 그 손을 누군가 붙잡았다. 수희는 깜짝 놀라 눈을 떴다. 눈앞에 강양희 선생님이 서 있었다.

"어, 어떻게 됐어요?"

수희는 눈을 깜빡이며 물었다. 강양희 선생님이 씩 웃었다.

"괜찮아. 수술은 잘됐어. 그런데……."

"네? 왜요? 라푼젤한테 무슨 일이 있어요?"

강양희 선생님은 하기 어려운 말인지 더듬거렸고, 수희는 강양희 선생님의 손을 꼭 잡고 물었다.

"음, 라푼젤의 한쪽 앞발을 절단했단다. 어쩔 수가 없었어. 이미 뼛속까지 썩고 있었어."

"선생님……."

"하지만 네가 돌본 덕분에 더 큰 일을 막을 수 있었어. 라푼젤이 너한테 많이 고마워할 거야."

"그러고요? 그럼 이제 괜찮은 거예요?"

"아직은 잘 몰라. 사실 라푼젤은 다리 말고도 아픈 데가 많아. 그래서 동시에 치료해야 해. 아마 많이 힘들고 고통스러울 거야. 이제 라푼젤이 얼마나 강한 의지를 갖고 있느냐에 달려 있어."

"네? 그럼 죽을 수도 있다는 말이에요?"

수희는 짧게 되물었다. 하지만 금방 후회했다. 그런 말을 하다니! 수희는 자신에게 놀라 고개를 흔들었다.

"그래서 말인데……."

강양희 선생님이 다시 조심스럽게 말을 꺼냈다.

"보통 강아지들은 자기가 살았던 기억에 따라 삶의 의지를 갖기도 하고, 포기하기도 해. 음, 그런데 라푼젤은 아주 힘들게 살았던 거 같아. 온몸에 상처가 많은 걸로 봐서, 지금까지 안간힘을 쓰며 살아온 거 같아. 내 생각엔 아마 편히 쉬려고 할 거야."

"안 돼요!"

수희는 꽥 소리를 질렀다.

"알아! 그래서 라푼젤에게 네 도움이 필요해."

"네?"

"이제부터 라푼젤을 네가 돌봐. 수의사처럼 말이야. 아, 물론 전문적인 치료나 주사를 놓는 일은 우리들이 해 줄 거야. 음, 우리 꼬마 수의사는 약을 먹이고 밥을 먹게 해 주면 돼. 지금은 라푼젤이 힘들어서 밥조차 먹지 않으려 할 거야. 누군가 꾸준히 보살펴 주어야 한다는 뜻이야. 할 수 있겠지?"

"네, 할게요. 제가 할 거예요."

수희는 이번에도 소리를 지르듯 말했다. 그러자 강양희 선생님이 씩 웃었다.

"좋아. 그럼, 틈틈이 병원에 들러서 라푼젤을 잘 돌봐 줘. 녀석에겐 지금 그 무엇보다도 깊은 관심과 애정이 필요하단다. 다리가 하나 없어졌으니 몸도 많이 아프겠지만, 버려졌다는 기억 때문에 그 고통도 아주 클 거야."

"맞아. 라푼젤처럼 버려졌던 개들은 몸과 마음의 치료가 동시에 필요하단다. 그래야 금방 나을 수 있어. 할 수 있겠니?"

어느새 다가온 최은숙 선생님도 수희의 머리를 쓰다듬으며 말했다.

"네, 꼭 그럴 거예요. 제가 라푼젤을 낫게 할 거예요."

"응. 수희는 미래의 훌륭한 수의사니까! 그리고 또 한 가지!"

"네?"

"네가 수의사로서 포기하지 않는다는 믿음을 보여 주어야 해! 그건 우리 수의사가 꼭 가져야 하는 직업 정신이기도 해."

"직업 정신요?"

"응. 수의사가 되려면 꼭 가져야 하는 의무 같은 것 말이야."

"네, 그럴게요."

수희는 다짐하듯 대꾸했다. 나는 할 수 있어, 하고 스스로를 토닥거리면서.

수술한 첫날, 한동안 의식이 돌아오지 않던 라푼젤은 저녁이 되어서야 정신을 차렸다. 하지만 눈만 뜨고 좌우를 살피는 정도였다. 끄으응, 고통스러운 소리를 내면서 가끔은 온몸을 부르르 떨기도 했다. 이따금 붕대를 감은 발을 핥았는데, 여전히 제 앞다리가 잘려 나간 걸 모르는 모양이었다. 자꾸만 허공에 대고 혓바닥을 날름거렸다. 그게 너무나 안타까워서 수희는 자꾸만 눈물이 났다.

수희는 라푼젤이 홀로 남겨진 큰 케이지 앞에 꼼짝도 않고 앉아 있었다. 그러는 사이 창밖이 어두워졌다. 강양희 선생님이 다가왔다.

"그만 지키고 있어도 돼. 다행히 의식이 회복되었고, 이제 견뎌 내는 일만 남았어. 오늘 저녁은 내가 지켜볼 테니까 수희는 집으로 돌아가. 엄마 걱정하시겠다."

"네에……."

수희는 마지못해 대답했다. 그러나 선뜻 일어나지 못했다. 만약 엄마의 화난 얼굴이 머릿속에 그려지지 않았으면 그냥 더 앉아 있었을 거였다.

수희가 일어나자 강양희 선생님이 노트를 하나 내밀었다.

"이게 뭐예요?"

"음, 이건 말하자면 진료 일지 같은 거야. 매일매일 아니, 수희가 이곳에 올 수 있는 날만 해도 돼. 라푼젤을 잘 관찰해서 여기에 기록하는 거지. 오늘은 얼마나 아파했고, 수술한 부위와 또

다른 상처 부위는 얼마나 나았는지, 라푼젤이 음식은 얼마나 먹었는지, 또 전체적으로 어떤 행동을 보였는지 말이야. 이를테면 많이 일어나 걸었는지, 가만히 앉아만 있었는지, 눈빛은 맑은지, 기운이 있어 보이는지 등등 라푼젤에 관한 모든 것 말이야."

수희는 노트를 받아 들고는 고개를 끄덕였다. 강양희 선생님은 묻지도 않았는데 한마디 더 했다.

"이걸 왜 쓰느냐 하면, 우선 라푼젤이 수술 후 어떤지를 자세히 알아야 그 이후에 정확한 치료를 해 나갈 수 있거든. 또 이런 기록을 남겨 두면 나중에 혹시라도 라푼젤과 비슷한 증상의 동물들을 치료하는 데도 도움이 되지."

"알아요. 그게 히스토리죠? 그런데 이거 생각보다 무척 중요한 일이네요?"

수희는 눈을 깜빡이면서 물었다. 그러자 강양희 선생님이 씩 웃으면서 고개를 끄덕였다.

"응, 맞아. 모든 수의사들이 이걸 해. 수희도 미래의 수의사니까 미리 해 보는 거야. 네가 만든 이 일지가 훗날 많은 수의사들에게 아주 소중한 히스토리가 될 수도 있어. 어때, 해 볼래?"

"좋아요. 할게요."

그렇게 대답하고 수희는 집으로 돌아왔다. 그리고 노트를 펼쳐서 우선 첫날의 일지를 썼다.

라푼젤 진료 일지

수술 당일 - 5시간 경과

　수술 후에도 한참이나 깨어나지 못하다가 2시간이 더 지난 후에 깨어났다. 정신을 차린 뒤에도 대부분 눈을 감고 있다. 이따금 경련이 오는지 앞다리를 떨다가, 무언가에 놀란 듯 몸 전체를 움찔 떨기도 했다. 절단한 다리를 감은 붕대에 피가 조금씩 배어 나온다. 지혈이 덜 된 건 아닐까?

　오후 7시쯤 수액을 갈았다. 이때, 항생제와 진통제를 함께 주사했다. 30분이 지나면서 견디기가 좀 나아졌는지 라푼젤은 곧 잠이 들었다. 힘겨워하는 모습을 보니, 나도 힘이 들었다. 자꾸만 눈물이 나오려고 했다.

수술 D+1일 (오후 5시부터 8시까지)

　어제와 크게 다른 점은 없는데, 눈을 뜨고 있는 시간이 조금 더 많아졌다. 하지만 눈에 힘이 없었다. 앞발을 대여섯 번쯤 핥았다.

　강양희 선생님 말로는 오늘 진통제는 한 번, 수액도 한 번 맞았다고 한다. 내가 쳐다보자 자꾸만 시선을 피하는 것 같았다.

　7시 30분쯤에 먹은 걸 토했다. 제대로 먹지 못해서 그런 건지 멀건 물만 나왔다. 그러고 나서도 자꾸만 웩웩거렸다. 여전히 끙끙대는 신음 소리를 냈다.

수술 D+4일 (오후 4시부터 7시까지)

　움직임이 조금 더 많아졌다. 내가 있는 동안 두 번이나 일어나 앉아 있었다. 나

라푼젤 진료 일지

를 알아보는 건지 서너 번쯤 눈을 맞추었다. 눈에 눈물이 그렁그렁했다. 강양희 선생님은 안구 건조증 때문이라고 했는데, 마치 눈물을 흘리는 것처럼 보였다.

여전히 자주 끙끙댔다. 쓰다듬었지만 반응이 없었다. 오히려 만지니까 귀찮은 듯 고개를 돌렸다. 다행히 영양제를 섞은 우유에 입을 대기 시작했다. 하지만 많이 먹지는 못했다. 그릇의 사분의 일쯤을 먹고 나더니 전혀 입을 대지 않았다.

한참 지켜보고 있는데, 강양희 선생님이 다가와 말했다. '자, 이제부터가 중요해. 수의사의 마음가짐으로 잘 살펴봐. 그래야 조금이라도 빨리 회복하는 데 도움이 될 거야.' 그 말을 듣고 과연 이럴 때 수의사들은 어떤 마음일까를 생각했다.

수술 D+7일 (오전 10시부터 오후 4시까지)

확실히 움직임이 많아졌다. 그런데 지난번보다 더 끙끙거렸다. 최은숙 선생님 말로는 진통제를 주지 않았는데, 진통제를 자꾸 놓으면 회복이 느려질 수 있기 때문이라고 한다. 그래서일까. 발이 몹시 아픈지 한 발을 들고 어쩔 줄 몰라 했다.

오후 3시 30분쯤, 최은숙 선생님이 붕대를 풀고 새 붕대로 갈아 주었는데, 절단 부위에 염증이 생겼다고 했다. 어쩌면 추가

라푼젤 진료 일지

수술을 해야 할지 모른다고 말했다.

　선생님은 나의 어깨를 다독여 주었다. '힘들어도 환자 앞에서는 티를 내면 안 돼. 강아지도 우리를 다 보고 있거든.' 했다. 그래서 내가 더 힘을 내야겠다고 마음먹었다. 아무것도 먹지 않았다. 눈치를 보는 듯했다. 경계를 심하게 했다. 구토를 또 했다.

수술 D+10일 (오후 1시부터 오후 4시까지)

　그저께 재수술했다.

　강양희 선생님이, 수술은 약 30분밖에 걸리지 않았고, 염증이 심한 부위를 제거했다고 말했다. 염증이 가라앉았기 때문인가. 덜 아파하는 것 같았다. 끙끙거리는 소리가 줄었다. 쓰다듬었는데 머리를 낮추며 살짝 반응을 보였다.

　조심스레 멀쩡한 앞발을 만졌더니 물려고 했다. 최은숙 선생님이 스트레스가 많아서 그럴 거라고 말했다. 수술을 하는 동안 케이지를 깨끗하게 정리해 준 건 정말 잘했다고 칭찬해 주었다.

수술 D+12일 (오전 10시부터 오후 4시까지)

　우유 대신 물컹한 사료를 주기 시작했다. 많이는 아니지만 먹기 시작했다. 움직임이 훨씬 많아졌다. 앉았다가 일어서기를 반복했고, 이따금 불편한 다리로 케이지 안을 한 바퀴 돌기도 했다. 붕대를 새것으로 갈아 줄 때 보니 절단 부위가 아물고 있었다. 새빨갛게 새살이 돋는 게 보였다.

　오후 3시 30분 무렵에는 꼬리를 좀 흔든 것 같았다.

라푼젤 진료 일지

수술 D+15일 (오전 10시부터 오후 4시까지)

다리를 절뚝거리면서도 케이지 안을 왔다 갔다 했다. 이름을 부르면 세 번에 한 번꼴로 돌아보곤 했다. 사료는 조금 딱딱한 것으로 바꾸었는데, 잘 먹었다. 이제 회복 단계라고 말했다.

강양희 선생님이 일지를 잘 적고 있느냐고 물었다. 고개를 끄덕였더니, 수의사는 동물이 아플 때 함께 아파하는 것도 중요하지만, 때로는 냉철하게 어디가 어떻게 아픈지, 치료하면서 어떻게 나아지는지 정확하게 관찰하는 것도 중요하다고 말했다.

수술 D+20일부터

수술 후 20일이 지나면서 눈에 띄게 좋아졌다. 가까이 다가가면 꼬리를 쳤고, 밥도 잘 먹는 편이었다. 이따금 토하기는 했지만, 걱정할 정도는 아니라고 했다. 한 발을 절뚝이는 게 보기에 안쓰러웠지만 그건 어찌할 도리가 없었다.

"라푼젤이 이렇게 빨리 회복된 건 수희 덕분이야."

"그래, 아무래도 수희가 정성껏 돌봐서 라푼젤도 용기를 얻은 것 같아. 내가 여러 번 수술해 봤지만, 이런 경우는 처음이야."

"뭐야? 그러면 수희가 정말로 수의사 자질이 충분하다는 건가?"

선생님들은 수희의 어깨를 토닥이면서 칭찬을 했다. 수희도 공연히 자신이 수의사라도 된 것처럼 기분이 좋았다.

하지만 기쁨은 거기까지였다. 수희가 수시로 동물 병원을 오가는 동안, 엄마한테 무수한 핀잔을 들어야 했다. 지난 주말에는 모처럼 집에 온 아빠도 잔소리를 거들었다.

"아빠 안 보고 싶었어? 왠지 아빠가 투명 인간이 된 기분이네?"

그리고 마침내 학원까지 빼먹고 동물 병원에 갔다는 사실이 들통나면서 수희는 '일주일 바깥 출입 금지'라는 벌을 받아야 했다. 그러는 동안은 라푼젤을 찾아갈 수가 없었다.

'라푼젤, 잘 있는 거지?'

수희는 매일 강양희 선생님에게 문자 메시지를 했다. 강양희 선생님은 염려 말라며, 시간 될 때 와도 된다며 위로해 주었다.

일주일이 정말로 길고도 길었다.

젖소 의사

"이것 좀 보세요. 라푼젤이 저를 알아보고 꼬리를 쳐요. 선생님, 보셨어요?"

토요일 아침, 수희는 라푼젤에게 먼저 달려갔다. 라푼젤을 못 본 지 벌써 보름이 지났는데, 케이지 앞에 다가서자 라푼젤이 먼저 알아보고 꼬리를 흔들었다. 그게 너무 반가워서 다른 동물 환자를 돌보고 있던 최은숙 선생님을 불렀다.

"수희 왔구나. 그랬어? 라푼젤이 정말 하루가 다르게 좋아지고 있어. 그리고 네가 보고 싶은지 가끔 문을 쳐다보곤 하더라."

"어머, 정말이에요?"

최은숙 선생님의 말에 수희는 반색을 했다. 수희는 얼른 케이지 철망 사이로 손을 넣어 머리를 쓰다듬었다. 그러자 라푼젤은 기다렸다는 듯 더 힘 있게 꼬리를 흔들었다. 아예 몸통이 흔들거릴 정도였다. 게다가 얼마나 핥아 대는지 손이 금방 축축해졌다.

"큭큭. 간지러워, 이 녀석아! 그만안!"

수희는 얼른 케이지 안에서 손을 빼냈다. 그러자 라푼젤이 주둥이를 바깥으로 내밀고, 그것도 모자라 붕대를 감은 앞발을 내놓았다. 그걸 보고 있자니, 가슴이 뭉클해졌다. 수희는 붕대를 감은 앞발을 살살 문질러 주었다. 그리고 말했다.

"얼른 나아야 해! 알았지? 그래야 나랑 산책도 하고, 여기저기 놀러 다니지."

그 말의 대답은 최은숙 선생님이 했다.

"걱정하지 마. 금방 나을 거야."

수희는 고개를 끄덕였다. 그러다가 문득 일어났다.

"앗! 선생님, 케이지 청소할게요. 부지런히 현장 학습 해야죠."

"하하, 그러든지!"

수희는 일어나 라푼젤의 케이지부터 깨끗하게 정리했다. 오줌 자국이 묻은 깔개를 갈아 주고 먹이 그릇도 깨끗하게 정리했다. 그러는 동안 라푼젤은 수희의 손을 핥고 장난을 쳤다. 수희는 기분이 좋았다.

"우리 집 강아지는 복슬강아지 학교 갔다 돌아오면 멍멍멍!"

노래가 절로 나왔다. 수희는 라푼젤의 케이지를 청소한 다음,

그 옆의 다른 강아지들 케이지를 하나씩 쓸고 닦았다. 그리고 한마디씩 하는 것도 잊지 않았다.

"너희들도 얼른얼른 나아서 집으로 돌아가야 해. 알았지? 그리고 두 번 다시는 아프지 말고. 응?"

그런데 케이지를 한 예닐곱 개쯤 청소했을 즈음이었다.

"꼬마 수의사, 왔니? 수희야!"

강양희 선생님의 목소리였다. 수희는 얼른 바깥으로 나갔다.

"저, 여기에 있어요. 왜요?"

"나랑 갈 데가 있어. 라푼젤 데리고 와."

"어? 라푼젤을 데리고요?"

"응. 비어 있는 이동식 케이지에 넣어서. 얼른!"

무슨 일인지 모르지만 강양희 선생님이 서둘렀다. 수희는 라푼젤을 조심스레 이동식 케이지에 옮겼다. 강양희 선생님이 진료실 안쪽을 향해 소리쳤다.

"최은숙 선생님, 나 OK 목장에 갔다 올게요."

"네. 조심해서 다녀오세요. 괜히 또 암소 뒷발에 차이지 말고. 선배님께도 안부 전해 주시고요."

강양희 선생님과 최은숙 선생님이 문 앞에서 알 수 없는 이야기를 주고받았다. OK 목장은 뭐고, 암소는 뭘까?

수희는 강양희 선생님과 최은숙 선생님을 번갈아 쳐다보았다.

하지만 무슨 짐작을 할 사이도 없이 강양희 선생님은 수희에게서 이동식 케이지를 받아 들고 곧바로 밖으로 나갔다.

강양희 선생님은 병원 앞에 세워져 있는 은색 자동차 조수석에 케이지를 올려놓은 다음, 안전벨트로 움직이지 않게 묶었다. 수희는 영문도 모르고 뒷좌석에 올라탔다.

"도대체 어딜 가시는 거예요?"

"응. 가 보면 알아. 미래의 최고 수의사가 꼭 가 봐야 할 곳이지! 자, 출발!"

"그런데 라푼젤도 데리고 가야 해요?"

"그것도 가 보면 알아!"

수희가 고개를 갸웃거렸지만, 강양희 선생님은 씩 웃기만 하고는 자동차를 출발시켰다.

자동차는 금세 도심을 벗어나 올림픽대로를 달렸다. 라푼젤은 잠이 든 것 같았다. 햇살이 자동차 안으로 스며들었다. 그래서인

지, 아니면 병원에 간다는 생각에 새벽까지 잠을 설쳐서인지 졸음이 쏟아졌다. 자꾸만 하품이 났고 몸이 나른해졌다.

수희를 힐끗거리던 강양희 선생님이 말했다.

"한숨 자도 돼. 도착하면 깨워 줄게."

그 말이 마치 수면제라도 되는 듯 수희 눈이 스르르 감겼다.

얼마나 시간이 지났을까. 잠에서 깨어났을 때, 눈앞에는 푸른 초원이 펼쳐져 있었다.

"우아! 멋있……. 우웩! 그런데 이게 무슨 냄새지?"

수희는 창밖으로 펼쳐진 푸르른 들판이 너무나 아름다워서 차창의 유리를 내렸다. 그리고 목을 빼내 만세라도 부르려는데, 콧속으로 고약한 냄새가 흘러들었다. 수희는 얼른 코를 막았다.

"일어났니? 다 왔어."

막 자동차를 세운 강양희 선생님이 말했다. 크고 옆으로 기다란 건물이 한눈에 들어왔다. 다름 아닌 소들이 잔뜩 들어 있는 축사였다. 코를 찔렀던 그 몹쓸 냄새는 소똥 냄새가 틀림없었다.

"그런데 여긴 왜 온 거예요? 꼭 가 봐야 할 곳이라면서요?"

"그러니까 왔지. 자, 어서 가 보자! 여기가 OK 목장이란다. 선생님이랑 가장 친한 친구가 진료 오는 곳이기도 하지."

"아……."

수희는 고개를 끄덕였다.

강양희 선생님은 한 손에 라푼젤이 들어 있는 케이지를 들고 야트막한 언덕 위에 있는 축사 쪽으로 걸어갔다. 수희는 바로 옆에서 종종거리며 쫓아갔다. 축사에 가까이 갈수록 소똥 냄새는 더욱더 심해졌다.

언덕을 거의 다 올랐을 즈음, 축사 입구 쪽에서 작업복 차림에 흰색 가운을 머리 꼭대기까지 쓴 아저씨가 언덕 아래로 걸어 내려왔다. 아저씨가 머리에 쓴 수건과 흰 마스크를 풀었다. 수염이 덥수룩하게 난 털보였다.

"어, 곱슬머리! 손님을 데리고 왔네?"

"응, 털보. 미래의 수의사 선생님이야. 견학? 아니, 체험하러 왔다고나 할까?"

아저씨가 수희를 힐끔 내려다보았다. 가만히 보니 아저씨는 배도 불룩 나와 있었다. 그런데 한쪽 다리를 조금씩 절었다.

"그래? 아주 반갑네, 꼬마 수의사. 내 이름은 우지용이라고 해. 그냥 젖소 의사라고 불러도 되고."

그러더니 젖소 의사 선생님이 손을 내밀었다. 수희는 그 손을 마주 잡았다. 덩치에 비해서 손이 길고 희었다. 그런데 젖소 의사라니? 수희는 고개를 갸웃거렸고, 강양희 선생님이 젖소 의사 선생님을 가리키며, '대학 때 함께 공부한 친구야.'라고 말했다.

"그 녀석이야?"

이번에는 젖소 의사 선생님이 케이지를 가리키며 물었다. 그 말에 강양희 선생님은 케이지를 내려놓았다.

곧 젖소 의사 선생님은 케이지의 문을 열고 조심스레 라푼젤을 꺼내 들었다. 라푼젤은 처음엔 좀 경계하는 듯하더니 옆에서 수희가 머리를 쓰다듬자 금세 온순해졌다.

"흠! 수술한 지 한 달 조금 더 된 녀석치고는 회복이 빠르네. 당장 재활 훈련을 해도 되겠는데?"

"재활 훈련이라고요?"

"응. 다리를 하나 잃었으니까. 그런 상태로 생활하려면 훈련이 좀 필요해. 라푼젤이 스스로 자신의 상태를 받아들일 시간도 좀 필요하고. 원래 그게 이 선생님 전문이야. 그리고 선생님이 라푼젤에게 새로운 다리를 만들어 주실 거야."

"새 다리를요……?"

"응. 의족이라고 하는 거 말이야."

"저, 정말이에요? 그럼, 라푼젤이 원래처럼 걸을 수 있는 거예요?"

수희는 얼결에 큰 소리로 물었다.

"음, 아주 쉬운 일은 아니야. 시간도 좀 걸릴 거고. 그래, 일단 내가 데려가서 좀 볼게. 너무 걱정하지 마."

그러면서 젖소 의사 선생님은 수희의 머리를 쓰다듬었다. 그러더니 곧바로 강양희 선생님을 향해 말했다.

"이제 자네는 얼른 축사로 들어가라고!"

"어? 아, 알았어. 수희야, 가자."

강양희 선생님은 등 떠밀리듯이 축사 쪽으로 걸었다. 조심스레 야트막한 언덕길을 걷는 수희에게 강양희 선생님이 말했다.

"저 선생님은 라푼젤처럼 크게 다친 동물들이 전처럼 살아갈 수 있도록 재활 훈련을 시키는 공부를 했어. 생긴 건 우락부락해도 재주가 많아. 라푼젤 이야기를 했더니 데려와 보라고 해서."

"근데 젖소 의사라고 하시던데……?"

"응. 나처럼 수의사야. 그런데 지금은 소를 돌보면서 동물 재활을 같이 하고 있어. 저 선생님도 어릴 때 다리를 다쳤거든. 그래서 유독 동물 재활에 관심이 많아."

강양희 선생님의 말에 수희는 고개를 끄덕였다. 그런데 궁금한 게 있었다.

"그런데 수의사가 소도 고쳐요?"

"그럼! 소도 동물이잖아. 사실 그래서 수희를 여기에 데려온 거야. 수의사가 되려면 많은 동물들에 대해서 알아야 하거든."

"소가 동물 병원에 온 적은 없는 거 같은데……."

수희는 고개를 갸웃거렸다.

"하하! 물론이지. 소는 동물 병원에 오지 않아. 너무 커서 안고 올 수 없잖아. 수의사들이 가지. 한곳에서 수십 마리씩 키우니까, 직접 가서 진찰해야 해."

"그럼 혹시 다른 동물들도 진찰해요?"

"물론이지. 소 말고도 돼지, 닭, 말, 오리, 물고기……."

"네? 물고기요? 정말 물고기를 치료하는 수의사도 있어요?"

"응. 동물들이 있는 곳엔 수의사가 있다고 생각하면 돼!"

"와! 그런 말은 처음 들었어요."

수희는 고개를 끄덕이면서도 조금 놀라웠다. 돼지나 오리 같은 것들은 그냥 키우는 줄 알았는데, 그런 동물을 돌보는 수의사도 있다고? 그런데 더 궁금한 게 있었다.

"그럼, 선생님도 소를 고치고 치료해요?"

"아주 잘은 아니지만 웬만큼은 알지. 배운 적도 있고. 그래서 도와주려고 온 거야. 그 대신 저 선생님은 라푼젤의 재활을 도와줄 거고."

"네에……. 으악!"

수희는 고개를 끄덕이다가 깜짝 놀라 소리를 질렀다. 언덕길을 다 올라서니, 저만치 축사 안이 보였는데, 얼룩덜룩한 젖소가 한두 마리가 아니었던 것이다. 아니, 못해도 30마리는 되고도 남을 것 같았다.

"저, 저 젖소들을 다 돌봐야 하는 거예요?"

"응. 여기뿐만 아니라, 우리나라는 전반적으로 소처럼 큰 대형 동물을 돌보는 수의사가 부족하거든. 그래서 수의사 한 사람이 하루에 수백 마리를 진료하고 돌봐야 할 때도 있어."

"……."

"자, 이리 와 봐. 녀석들은 덩치만 컸지 아주 순해. 그렇지만 또 경계심도 아주 대단하지. 눈치도 빨라. 소 눈 크지? 그 덕분에 주변의 270도까지 볼 수 있어. 그래서 누군가 낯선 사람이 다가오면 슬금슬금 도망가."

수희가 고개를 끄덕이자 강양희 선생님은 씩 웃으면서 말했다. 이번에도 수희는 살며시 고개를 까닥거렸다. 그러다가 강양희 선생님은 다리와 배만 빼고는 온통 새까만 젖소 앞으로 다가갔다. 다른 젖소에 비해 유난히 등을 구부리고 있는 것처럼 보였다.

"꼬마 수의사님, 이것 좀 봐. 이 녀석의 등이 좀 굽었지? 그리고 가끔 발을 동동 구르지? 지금 배가 아픈 거야."

"아, 그래서 그 녀석이 서 있는 자리가 다른 곳에 비해서 발자국이 많이 난 거군요?"

"오오, 맞다! 역시 넌 천재적인 수의사가 될 거야. 하나를 가르쳐 주면 열을 아는구나!"

강양희 선생님이 수희를 향해 엄지손가락을 세워 보였다. 그러고는 젖소 옆에 바짝 붙어 허리를 구부리더니 배를 만지기 시작했다. 이쪽저쪽을 꾹꾹 누르기도 하고 가볍게 톡톡 두드려 보기도 했다. 그런 다음에 귀에 붙어 있는 흰 라벨에 빨간 네임 펜으로 무어라고 썼다.

"저 녀석은 이따가 자세하게 진찰해야 할 것 같다. 또 저쪽으로 가 보자."

그러면서 말했다.

"소를 돌볼 때는 되새김질하는 모양만 잘 관찰해도 녀석이 아픈지 안 아픈지 알 수 있어."

"어떻게요?"

수희는 지금 눈앞에서 되새김질하는 소들을 재빨리 훑어보면서 물었다.

"이를테면 병에 걸린 소는 되새김질을 덜하지."

"하지만 질긴 풀은 더 많이 씹지 않을까요?"

"야아! 수희 정말 대단한데? 맞아. 그래서 수의사들은 소가 먹는 풀에 대해서도 아주 잘 알고 있어야 해."

"그런 것까지요?"

"응. 수의사는 동물에 관한 모든 것에 관심을 갖는 게 좋아. 동물들이 사는 주거 환경, 먹이 등등 모든 걸 말이야. 그래야 병에 걸렸을 때 효과적으로 치료할 수가 있어. 그리고……."

강양희 선생님이 차근차근 설명하다가 문득 말을 멈추었다. 축사 저편에서 누군가가 소리를 쳤기 때문이었다.

"어이, 수의사 양반, 이리로 좀 와 보지?"

강양희 선생님은 고개를 들어 쳐다보더니, 빠른 걸음으로 걸었다. 수희도 종종걸음으로 따라갔다. 머리에는 낡은 밀짚모자를 썼고, 무릎까지 오는 장화를 신은 할아버지였다. 짧고 흰 수염이 나 있는 턱으로 할아버지는 우리 안의 젖소를 가리켰다.

"뭐야, 야가 지금 새끼 밴 거 아녀? 밥도 잘 안 먹고, 왜 자꾸 슬슬 피하는 거여?"

"그래요? 초음파 기계를 안 가져왔는데……."

강양희 선생님의 얼굴이 살짝 찌푸려졌다. 왜 그런지 머뭇거리는 표정이 역력했다. 강양희 선생님의 표정에 상관없이 할아버지는 턱짓으로 우리 안의 그 젖소를 다시 가리켰다. 그러더니 한 손에 들고 있던 비닐장갑 같은 것을 강양희 선생님에게 건네주었다. 라푼젤을 수술할 때 쓰던 장갑과 비슷해 보였다. 다만 장갑의 길이가 아주 길었다.

'저걸로 뭘 어쩌려고…….'

수희는 고개를 갸웃거리며 강양희 선생님을 잠시 지켜보았다. 강양희 선생님은 장갑을 끼고 소의 뒤꽁무니로 가더니 꼬리를 치

커들었다. 그러고는 장갑 낀 손을 쑥 밀어 넣는 게 아닌가?

"우웩!"

수희는 자신도 모르게 구역질을 하며 고개를 돌렸다. 한참 심호흡을 했다. 잠시 후, 혹시 모르겠다 싶어서 고개를 돌렸다.

하지만 강양희 선생님은 여전히 장갑 낀 손을 젖소의 엉덩이에 밀어 넣고는 뭔가를 찾는 듯 조금씩 움직였다. 고개를 갸웃거리기도 했다. 수희는 아예 몸을 돌려 버렸다. 자꾸만 속에서 무언가 밀려 올라올 것만 같았다.

"소가 새끼를 가진 게 맞는 것 같습니다, 어르신!"

그 말에 수희는 몸을 돌렸다. 할아버지는 고개를 끄덕이는 중이었고, 강양희 선생님은 수희를 향해 고개를 끄덕여 보였다.

"소가 새끼를 가졌는지 알아보는 거야. 기계가 없을 땐 이렇게 하곤 해."

"서, 설마 수의사가 저런 것도 해야 하는 거라고요?"

수희가 놀라 묻는 말에 강양희 선생님은 고개를 끄덕이고는 아무 대꾸도 못 하는 수희의 어깨를 툭 치며 말했다.

"자, 이제 다른 녀석들도 좀 볼까?"

그러더니 강양희 선생님은 방금 전 지나쳐 온 우리로 되돌아갔다. 수희는 느릿느릿 강양희 선생님을 따라갔다. 기분이 좀 이상했다. 방금 전 강양희 선생님이 젖소의 엉덩이에 손을 넣는 것을 보고 난 뒤 속이 메스꺼웠다.

'수의사가 되면 저런 걸 해야 한단 말이야?'

수희는 자신도 모르게 머리를 저었다. 아니야, 내가 생각한 수의사는 이런 게 아닌데.

…… 분홍 리본을 단 페페에게는 감기 주사 한 방 꾹! 꼬리를 파랗게 물들인 루루에게는 입 살짝 벌리게 하고 콧물약을 먹이고. 어이쿠! 장난치다가 앞발에 상처 난 밍밍에게는 연고 바르고 캐릭터 스티커도 얼른 붙여 주고, 칭얼대는 녀석들은 한참 안아서 놀아 주고, 발톱도 잘라 주고…….

동물 병원 수의사는 그런 거 아니었어?

수희는 두근대는 가슴을 톡톡 두드리며 걸어갔다. 그런데 강양희 선생님이 전화를 받으며 목소리를 높였다.

"네, 곧 끝나요. 안 그래도 조만간 뵈러 가려 했……. 네? 무슨 말씀이세요? 선배님, 저는 정말 닭 싫거든요. 생각만 해도 소름이 끼쳐요! 으으! 아무리 수의사라도 싫은 건 싫은 거죠."

도대체 뭐라는 걸까? 강양희 선생님은 과장되게 손을 내젓고 있었다. 한참을 그러고 난 뒤에야 강양희 선생님은 전화를 끊었다. 그리고 바로 뒤에 다가선 수희에게 말했다.

"꼬마 수의사님, 우리 양계장 갈까? 닭 의사 보리! 아, 거기 가면 말 의사도 만날 수 있는데?"

"네?"

"음, 나는 닭을 참 싫어하거든. 그래도 뭐, 우리 꼬마 수의사님을 위해서라면 한 번은 가 줄 수 있지? 어때? 괜찮겠지?"

도대체 뭐라는 걸까? 수희는 고개를 갸웃거렸다. 그런데 주머니 속에서 수희의 전화도 울렸다.

"으악!"

수희는 전화기를 꺼내자마자 소리를 지르고 말았다. 엄마였다.

갈 곳이 없어

"나, 수의사 하지 말까? 휴!"

공원 벤치에 앉자마자 수희는 던지듯 한마디 했다. 말끝에 긴 한숨을 쉬면서. 그러자 민주가 무슨 소리냐는 듯 바라보았다. 민주가 데리고 산책 나온 럭키는 벤치 아래에서 이리저리 뛰어다니면서 수선을 떨었다. 풀을 뜯기도 하고, 민주가 굴려 준 공을 발로 굴리기도 했다. 공이 저만치 굴러가자 왈왈 짖기도 했다. 보고만 있어도 귀엽고 예뻤다.

"그게 무슨 귀신 씻나락 까먹는 소리냐?"

민주가 어른 말투를 흉내 내며 물었다. 자신도 어색했던지 피식 웃다가, 곧 심각한 얼굴을 하고 수희를 똑바로 보았다.

"그게……. 너 수의사 중에 소 의사도 있는 거 알아? 닭 의사는?"

"뭐라고? 무슨 소리야? 그럼, 말 의사도 있고 물고기 의사도 있겠네?"

"응! 맞아!"

수희는 고개를 끄덕여 대답했다. 민주는 못 믿겠다는 표정이었다. 하지만 사실이었다. 닭 농장에 갔을 때는 질병 검사 때문에 살아 있는 닭의 숨통을 끊는 것도 보았고, 말 사육장에서는 어금니를 갈아 주는 수의사도 만났다. 이빨이 날카로워지면 풀을 못 먹는다나? 하긴 말 수의사는 말똥의 냄새도 맡았다. 아픈 곳을 알아내는 데 필요하다면서.

이야기를 다 듣고 난 뒤에야 민주는 비로소 놀랍다는 표정을 지었다. 하긴 수희도 적잖이 놀랐다. 어제도 닭과 말이랑 노니는 꿈을 꾸었으니까. 물론 강양희 선생님과 함께 모두 가 본 곳이었다. 젖소 농장에 갔던 날, 강양희 선생님은 수희를 데리고 닭 농장과 말 사육장까지 전부 돌아본 다음, 동물 병원으로 돌아왔던 것이다.

하지만 곧 고개를 젓고 말았다.

'진짜로 수의사가 되면 내가 할 수 있을까?'

그런 생각을 하니, 몸이 부르르 떨렸다. 실제로 닭의 숨을 끊

거나 말의 입을 벌리고, 동물의 똥냄새를 맡고, 강양희 선생님처럼 항문에 손을…….

수희는 강양희 선생님과 함께 갔던 곳들에 대해 더 말해 주었다. 그러자 민주 역시 고개를 도리도리 저었다.

"어휴! 난 수의사 못 해. 그냥 강아지만 잘 기를게."

그러더니 발아래서 놀고 있던 럭키를 번쩍 들어 올렸다. 귀여워서 어쩔 줄 모르겠다는 듯 강아지 얼굴에 이마를 비벼 댔다.

그때였다. 주머니에 넣어 두었던 휴대 전화가 울렸다. 얼른 꺼내 보니 강양희 선생님의 메시지였다.

– 라푼젤 데려다줄 곳 찾았니? 조금 서둘러야 할 것 같은데…….

그 메시지를 보는 순간, 가슴이 덜컥 내려앉았다.

'아, 라푼젤!'

그제 오후, 강양희 선생님이 말했다.

"꼬마 수의사님, 라푼젤의 상태가 이제 많이 좋아졌어. 퇴원해도 될 거 같아. 모레까지만 건강 상태를 체크해서 이상이 없으면 집에 데려가도 좋아. 발 상처도 거의 아물었으니까."

라푼젤은 수희가 OK 목장에 다녀온 지 보름 만에 동물 병원으로 돌아왔다. 그게 꼭 닷새 전이었다. 강양희 선생님의 말대로 라푼젤은 한결 건강해 보였다. 재활을 다녀온 뒤로는 이전보다 잘 걷는 듯했다. 힘이 들어 그런 건지 자주 쉬는 것 외에는.

'새 다리를 만드는 데는 시간이 좀 걸릴 것 같아.'라는 젖소 의사 선생님의 메시지는 좀 아쉬웠지만 라푼젤은 이전보다 훨씬 명랑해 보였고, 얼굴도 밝아 보였다. 그 덕분에 한시름 놓아도 되겠다고 생각했다. 그런데 퇴원이라니?

"꼭…… 퇴원을 해야 해요?"

"음, 그래야겠지? 언제까지 라푼젤을 병원에서 키울 수는 없지 않겠어? 다른 동물 환자들도 많고."

"네에……."

"그리고 지금 라푼젤은 누군가의 지속적인 도움이 필요해. 마음에도 상처가 많을 테니까. 하지만 병원에서는 아무래도……."

수희가 떨떠름하게 대답하자, 강양희 선생님도 말끝을 흐렸다.

라푼젤을 당장 데리고 갈 수가 없었다. 이제 한마음 언니도 곧 떠날 것이고, 집으로는 더더욱 데려갈 수가 없었다. 강양희 선생님과 함께 OK 목장에 다녀오던 날도 엄마는 전화를 해서 꾸중했다. 그런 엄마에게 어떻게 라푼젤 이야기를 한단 말인가.

"왜 또 무슨 일이야?"

걱정에 싸인 수희의 낯빛을 보고 민주가 물었다.

"라푼젤을 퇴원시키래."

"그래? 그럼 많이 나았다는 거잖아. 잘됐네."

"하지만 데려다줄 곳이 없어. 어떻게 하지?"

"네가 데려가면 안 돼?"

"안 돼. 우리 엄마 알잖아. 어떻게 하지?"

"요즘도 엄마가 반대하셔?"

"뭐, 그래도 요즘엔 잔소리는 덜하셔. 엊그제도 내가 늦게 들어갔는데, 숙제했냐고만 묻고 얼른 자라고 하시더라."

"엄마가 화가 풀어진 거 아닐까?"

하지만 수희는 고개를 저었다. 요 며칠 엄마가 좀 이상하긴 했지만 그럴 리는 없었다. 그런데 민주가 뜬금없는 소리를 했다.

"라푼젤 사진 있지? 예쁘게 나온 걸로 나한테 보내 줘."

"응? 사진?"

"어서!"

수희가 되묻자, 민주는 거듭 재촉했다. 그러더니 럭키를 땅바닥에 내려놓고 휴대 전화를 꺼냈다. 수희는 2주일 전에 찍어 두었던 라푼젤 얼굴 사진을 민주에게 보냈다. 그리고 나자 민주가 휴대 전화를 만지작거리더니 말했다.

"단체 톡방을 만들었어. 좀 친한 아이들만 불렀어. 라푼젤 데려갈 수 있느냐고 물어보자."

"아, 알았어. 그럴게."

수희는 얼른 휴대 전화를 열어 단체 톡방에 들어갔다. 먼저 민주가 글을 올렸다. 그러자마자 3명이 동시에 답글을 달았다.

아이들은 가위바위보를 하자는 둥 예전에 강아지를 키웠다는 둥 떠들어 댔다. 그러다 호식이가 학원에 간다고 하며 톡방을 나가자, 지켜만 보면 두 명의 아이가 더 나갔다. 그러는 걸 잠시 지켜보다가 민주가 수희를 바라보았다. 왜 그러는지 알 것 같았다. 수희는 잠시 기다렸다가 글을 올렸다.

수희: 그런데 라푼젤은 유기견이야.

철민: 뭐? 그럼 떠돌이 개를 주운 거야?

송이: 대박! 네가 길거리에서 밥 주는 강아지? 지저분하잖아.

수희: 아니야! 내가 계속 돌봤고, 지금은 병원에 있어. 깨끗해.

송이: 그래도 나는 좀…….

유민: 알았어. 그럼 넌 빠져. 난 괜찮아. 그럼 그 강아지 나 주는 거야?

철민: 무슨 소리야? 난 싫다고 안 했어!

유민: 수희야, 네가 결정해!

철민: 그래, 그게 낫겠어. 참, 내가 말은 안 했지만 우리 집에는 전에 기르던 강아지가 쓰던 집도 있고 사료도 많이 남았어.

유민이와 철민이가 한참을 티격태격했다. 하지만 수희는 섣불리 답글을 달지 못했다. 한참 두 아이의 글을 보다가 민주를 바라보다가 했다. 왜 그러는지 눈치를 챈 듯, 민주는 수희에게 말했다.

"사실대로 이야기해."

그러는 게 맞는 것은 알지만, 차마 쉽게 답글을 달지 못했다. 유민이와 철민이는 얼른 말을 하라고 재촉을 해 댔다. 하는 수 없었다. 수희는 찬찬히 글을 올렸다. 그사이 민주가 사진을 한 장 올렸다.

차마 끝까지 쓰지 못하고 수희는 휴대 전화를 내려놓았다. 그리고 잠시 후에 다시 휴대 전화를 열어 보니 난리도 아니었다.

유민 : 야! 무슨 말이야? 다리 없는 강아지라고?

철민 : 헐!

해명 : 우아! 대박 사건인데?

유민 : 너 우리한테 거짓말한 거야?

철민 : 사기꾼!

수희: 아니야. 거짓말하려던 거 아니야.

강아지는 그것 말고는 착하고 귀여워. 말도 잘 들어.

이상 없어. 다만 맡아 줄 사람이 없어서 부탁하려 한 거야!

수희는 이런저런 변명을 다 늘어놓았다. 하지만 아무 말 없이 유령처럼 머물던 아이들까지 나타나 실망했다는 둥, 결국 거짓말이라는 둥, 하는 말을 남겨 놓고 단체 톡방을 나가 버렸다.

수희는 기운이 쭉 빠졌다. 이제 정말 방법이 없는 것 같았다. 잠깐 동안, 이모한테 연락을 해 볼까도 마음먹었지만 그것도 그다지 좋은 방법은 아닌 듯했다. 동물 병원에서 현장 학습을 하려면 부모님 허락이 필요하다고 해서 미리 이모를 조르고 졸라 허락을 받았던 터였다. 그런데 또 전화를 했다간 엄마에게 모든 걸 알려 버릴지도 몰랐다.

'후유! 좋은 방법이 없을까?'

수희는 긴 한숨을 내쉬었다. 럭키가 꼬리를 흔들며 장난을 치고 있었다. 녀석을 바라볼수록 라푼젤 생각이 더 간절해졌다.

민주가 옆으로 더 바싹 다가와 토닥여 주었지만 기분이 나아지지 않았다. 수희는 일어났다. 일단 집으로 돌아가야 할 것 같았다. 발걸음이 아주 무거웠다.

이제부터 시작이야

수희는 집 앞에서 주먹을 꽉 쥐었다. 숨을 크게 몰아쉬고 어금니를 물었다. 폭탄을 끌어안고 불구덩이 속으로 뛰어드는 기분이 이와 똑같을 것이라고 생각했다. 그래도 어쩔 수 없었다. 라푼젤을 구하려면 이 방법밖에 없으니.

잠시 케이지를 내려놓고, 수희는 그 안에 들어 있는 라푼젤과 눈을 맞추었다. 그런 다음 말했다.

"라푼젤, 잘될 거야! 걱정 마."

수희는 떨리는 손으로 현관문의 비밀번호를 눌렀다.

띠리리릭!

경쾌한 신호음과 함께 문이 열리는 소리가 들렸다. 수희는 안으로 들어갔다. 신발을 벗고 조심스레 거실로 들어섰다.

"학원에서 오는 거지? 좀 늦었네? 공부는 잘했……."

거실 소파에 앉아 있던 엄마는 고개를 들고 수희를 바라보더니 말을 멈추었다. 놀란 듯한 엄마의 얼굴을 보는 것만으로도 수희는 가슴이 두방망이질을 쳤다.

"그건 뭐지? 설마……?"

엄마는 일어나서 다가왔다. 하필이면 때맞추어 라푼젤이 끙끙거리는 소리를 냈다.

"어, 엄마, 저 강아지 키우고 싶어요. 허락해 주세요."

수희는 얼른 엄마의 팔을 붙잡으며 말했다. 가시가 돋친 것처럼, 그 말을 꺼내는 동안 목구멍이 까끌거리고 아팠다. 더듬대면서 겨우 한마디를 했지만, 더 이상 무얼 할 수가 없었다. 엄마를 마주 바라볼 수도, 뒤돌아 내뺄 수도.

별수 없었다. 애견 센터는 곧 문을 닫을 거고, 라푼젤은 갈 곳이 없었다. 친구들 누구도 받아 주지 않았다.

'엄마한테 진심을 다해서 말씀드려 봐. 그럼 엄마도 이해해 주실지 모르잖아.'

강양희 선생님이 그렇

게 말했다. 그래서 용기를 낸 것이었다. 이야기도 하기 전에 다짜고짜 라푼젤을 데리고 가 보자는 건 수희의 아이디어였다. 어쩌면 라푼젤의 얼굴을 보면 엄마의 생각이 바뀔지도 모르니까.

"지금 뭐라고 했지? 다시 한번 말해 볼래?"

엄마는 수희와 케이지를 번갈아 보며 물었다. 엄마의 눈빛은 날카로웠고, 이맛살을 찌푸리고 있었다. 마치 먹잇감을 발견한 맹수와 같은 표정이었다. 그래서 선뜻 입을 열 수가 없었다.

수희는 마른침을 꿀꺽 삼키고 나서 겨우 입을 열었다.

"강아지요. 다음 달, 제 생일 선물로……."

"안 된다고 했잖아."

"알아요. 하지만 라푼젤은 지금……."

라푼젤이라는 말에 엄마는 인상을 더 찡그렸다.

"라푼젤이라고 했니? 저 강아지 이름이 라푼젤이야?"

"……."

대답은 하지 않고 고개만 끄덕였다.

"세상에! 너 지금 이게 뭐 하는 짓이야? 어쩜 엄마한테 이럴 수가……. 도대체 너 무슨 짓을 하고 다니는 거야?"

"엄마……."

"어쨌든 안 돼."

"한 번만요. 다음 달 제 생일 선물이라고 생각하고……."

"세상에! 게다가 유기견이지? 너, 정말 엄마 화나게 할 거야?"

"죄송해요. 저도 이럴 생각은 아니었어요. 그런데 라푼젤이 다쳐서……. 한쪽 다리를 잃었어요. 그래서 아무도 안 데려가려고 해요. 그냥 다시 거리에 버려 두면 라푼젤이……."

라푼젤이 눈앞에 어른거려서 눈물이 쏟아지려고 했다. 그걸 억지로 참고 말하느라 수희는 자꾸만 더듬거렸다. 그리고 하나씩 엄마에게 털어놓았다.

라푼젤을 처음 만난 이야기, 사거리 동물 병원에 갔던 이야기, 강양희 선생님을 만난 이야기, 라푼젤이 큰 수술을 받았다는 이야기까지. 어쩌다 보니 소 목장에 간 이야기까지 말해 버리고 말았다.

그 말을 하는 동안, 엄마도 두어 번쯤 눈에 눈물이 고이는 듯했다. 어쩌면 옛날에 키우던 라푼젤이 생각나서 그런지도 몰랐다.

엄마는 휴지로 눈 끝을 찍어 눌렀다. 그리고 긴 숨을 몰아쉬고, 한참 동안 베란다 창문 쪽을 바라보았다. 그런 다음 케이지를 열었다. 라푼젤이 밖으로 나와 반갑다는 듯 꼬리를 흔들었다. 엄마가 손을 내밀자 얼른 달려와 손을 핥았다. 절뚝거리면서 불안하게 걷는 모습이 안쓰러웠다.

엄마는 잠시 라푼젤을 안았다가 이내 내려놓았다. 잠시 후, 엄마가 차분한 목소리로 말했다.

"넌 정말 엄마 말을 참 안 듣는구나. 엄마가 그렇게 반려동물 키우고 싶어 하지 않는 걸 알면서도……."

"엄마!"

수희는 간절한 눈빛으로 엄마를 쳐다보았다. 그러나 엄마는 수희의 얼굴을 외면했다. 엄마는 한동안 아무 말도 하지 않았다. 긴 한숨을 쉬기만 했다. 이따금 천장을 올려다보기도 하고, 베란다 쪽을 바라보기도 했다. 수희는 그런 엄마의 모습을 보면서 어찌할 바를 몰랐다. 섣불리 무슨 말을 꺼내기도 겁이 났다.

그러는 동안 라푼젤은 절뚝거리면서, 때로는 미끄러져 주둥이를 바닥에 부딪치면서, 또 엄마 쪽을 바라보면서 꼬리를 흔들기도 했다.

그런 라푼젤의 모습을 보던 엄마가 갑자기 벌떡 일어났다. 그러더니 성큼성큼 걸어 서재로 들어갔다. 열린 문 너머로 바라보니 엄마는 책상 서랍 속에서 무언가를 찾는 듯했다. 한참을 부스럭거리던 엄마는 두꺼운 노트 같은 것을 들고 나왔다.

엄마는 표지 모서리가 닳아서 해진 노트 한 권을 테이블에 내려놓았다. 수희가 어쩔 줄 모르고 있자, 엄마는 고개를 까닥였다. 펼쳐 보라는 뜻이었다. 수희는 두툼한 스프링 노트를 자기 쪽으로 놓고, 한 장을 넘겼다.

강아지 사진이 나왔다. 즉석 카메라로 찍은 토이푸들이었다.

흰색의 귀여운 강아지였는데, 오른쪽 머리에 상처가 나 있었다. 이름은 흰멍이라고 적혀 있었고, 3살 암컷이라는 딱지가 사진 왼쪽 아래에 붙어 있었다. 그리고 200×. 4. 30.이라는 날짜까지.

한 장을 더 넘기자, 이번에는 몰티즈가 나왔다. 4살, 장군이, 수컷, 200×. 5. 11., 그다음 장에는 요크셔테리어, 3살, 체리, 수컷, 200×. 5. 13., 이어서 웰시코기, 4살, 맹순이, 암컷, 200×. 5. 21. 그리고 슈나우저, 젠틀맨, 5살, 암컷, 200×. 6. 3.……

"엄마, 예뻐요. 전부 다요. 근데 이건……."

"그게 어떤 강아지들인지 알면, 수희는 놀랄 거야."

"네? 어떤 강아지들이에요?"

수희는 고개를 갸웃거리며 되물었다. 하지만 엄마는 잠깐 동안 대답하지 않고 창밖을 내다보았다. 엄마는 그런 채로 잠시 후 입을 열었다.

"그 강아지들 모두 엄마 손으로…… 하늘 나라에 보냈어."

"네? 그게 무슨 말이에요? 엄마가 죽……였어요?"

수희는 깜짝 놀랐고, 뒷말을 꺼내는데 목에 무언가 덜컥 걸리는 기분이 들었다. 그래서 말

115

을 꺼낸 뒤에도 조심스레 엄마의 옆모습을 쳐다보았다. 설마 아니겠지, 이런 생각을 하면서. 그런데 뜻밖에도 엄마는 천천히 고개를 끄덕였다.

"어, 엄마……."

"엄마가 유기 동물 보호소에서 일한 적이 있어. 일정한 시간 동안 아픈 동물들은 치료해 주고 또 주인을 찾아 돌려주기 위해 이런저런 노력도 하고……. 그러다가 얼마만큼 시간이 지나면…… 안락사시켜야 해. 언제까지 데리고 있을 수만은 없거든. 유기 동물은 끊임없이 매일 몇 마리씩 들어오니까……."

"그런 이야기를 들어 본 적 있어요."

"그래. 엄마가 애들을 직접 하늘 나라로 보낸 거야. 착하고 예쁜 아이들이었는데……. 너무나 미안해서 지금도 가끔씩 떠올라. 어떤 때는 녀석들이 나를 원망하는 것 같아."

"엄마……."

"우리 라푼젤도 그렇게 죽었어. 물론 라푼젤은 병에 걸려서 너무 아팠기 때문에 어쩔 수 없었지만……."

그리고 엄마는 더 이상 말을 잇지 못했다.

엄마 뺨으로 눈물이 흘러내렸다. 수희는 몸을 일으켰다. 그리고 엄마 옆으로 더 바싹 다가앉았다. 손을 뻗어 엄마의 뺨에 흐르는 눈물을 닦아 주었다. 그러자 엄마가 비로소 수희를 돌아보았다. 엄마는 수희를 감싸 안았다.

수희도 공연히 눈물이 흘렀다.

"난 몰랐어요……. 미안해요, 엄마."

"아니야. 엄마는 그런 슬픔을 다시 겪고 싶지 않았을 뿐이야."

수희는 대꾸하지 않고 고개만 끄덕였다. 잠시 후 엄마는 라푼젤을 들어서 품에 안았다. 그런 다음 말했다.

"그리고 엄마가 동물을 키우고 싶어 하지 않는 이유는 또 있어."

"……?"

"사람들 중에는 책임 의식이 없는 사람도 있어. 예쁠 때만 예뻐하고 동물들이 나이가 들면 홀대하고 버리지."

"엄마는……."

"물론 엄마는 그러지 않으려고 노력할 거야. 하지만 일이 바빠지고 피치 못할 사정이 생기게 될 경우에는 혼자 두거나 떠나보내야 할지도 모르잖아."

"……."

"우리는 집 밖을 나가도 친구가 있고, 재밌는 일들이 많지만 반려동물들에게는 우리밖에 없어. 우리가 하루에 몇 시간 즐겁기 위해서 반려동물을 그보다 훨씬 많은 시간을 외롭게 둔다면 너무 이기적이지 않아?"

아무런 대꾸를 할 수가 없었다. 수희는 엄마의 말을 충분히 이해하고도 남았다. 그래서 더 이상 조를 수가 없을 듯했다.

그런데 엄마가 문득 길게 숨을 내쉬더니 말했다.

"이 아이를 수희가 끝까지 지켜 줄 수 있니?"

"네?"

"수의사는 책임감이 아주 강해야 해. 주인이 포기한 반려동물도 꼭 살려 내야 한다는 각오도 필요하고."

"어, 엄마!"

"그게 자신 있다면 키워 봐. 수의사가 되려면 어릴 때부터 동물과 친해 두면서 어떻게 살아가는지 살펴보는 것도 아주 중요한 일이지. 하지만 만만치 않을 거야. 더구나 라푼젤은 몸이 성한 것도 아니잖아. 그리고 한 가지 더 명심할 게 있어."

"그게 뭔데요?"

"공부도 소홀히 해서는 안 돼. 수의사란 직업은 공부를 많이 해야 하는 직업이야. 그래야만 동물들이 어디가 어떻게 아픈지, 그것에 따라서 어떻게 치료해야 하는지 정확히 알 수 있거든."

"네, 알아요."

"수희는 엄마가 왜 라푼젤을 키우는 걸 허락한 줄 아니?"

"아, 아니요."

엄마의 말에 수희는 살짝 긴장하며 엄마의 눈치를 살폈다. 그러자 엄마가 엷은 미소를 지으며 말했다.

"실은 우연히 네가 쓴 라푼젤 진료 일지를 봤어."

"네?"

"그걸 보면서 수희가 얼마나 믿음직하던지……."

"정말이에요?"

"응. 힘들었을 텐데. 수희도 잘 견뎠구나, 생각했지."

"엄마."

수희는 엄마에게 와락 달려들었다. 콧날이 시큰해졌다.

뜻밖의 선물

엄마 말대로 생각보다 쉬운 일은 아니었다. 라푼젤 돌보는 일을 온전히 도맡아 하다 보니 정신이 없었다. 아침에 일어나자마자 사료를 챙겨 주고, 기다렸다가 약을 먹여야 했다.

열흘이 지났을 무렵, 라푼젤의 상처가 덧났다. 아무래도 목욕을 시키다가 물이 들어간 모양이었다. 한밤중에 끙끙거려서 살펴보니 절단한 앞발을 연신 핥아 대고 있었다. 진물이 흐르는 게 보였다. 얼른 소독을 해 주고 다독거렸다. 그러느라 수희는 한숨도 자지 못했다.

다음 날, 병원에 데리고 가자 최은숙 선생님은 라푼젤을 치료하면서 며칠 동안은 자주 붕대를 갈아 주고 상처를 소독해 주어야 한다고 말했다. 약을 하나 더 주었는데, 빠짐없이 먹이라고 했다.

그 일 때문에 며칠은 잠을 설쳤다. 수업 시간에 두어 번 졸기까지 했다. 그럴 때마다 수희는 주먹을 쥐고 말했다. 그리고 혼자서 다짐했다.

'난 잘할 수 있어.'

어쩌면 그래야 좋은 수의사가 될 수 있을 거라는 생각이 들었다. 그러던 차에 반가운 선물이 날아들었다.

"꼬마 수의사, 잘 지내고 있지? 라푼젤 데리고 병원에 좀 들를 수 있니?"

오랜만에 전화를 한 강양희 선생님이 말했다. 수희는 당장에 달려갔다. 그런데 병원에 도착해 보니, 젖소 의사 선생님이 함께 기다리고 있었다.

"라푼젤의 의족을 만들었어. 완전하지는 않아. 그렇지만 없는 것보다는 나을 거야."

젖소 의사 선생님은 라푼젤을 안아 플라스틱으로 만든 의족을 라푼젤의 앞다리에 대고 가죽 끈으로 매어 주었다. 그러자 라푼젤은 어색한 듯, 가만히 서 있기만 했다. 한동안 그러더니 나중에는 끈을 물어뜯었다.

그때 수희가 한손으로 라푼젤의 몸통을 붙잡았다.

"자, 이렇게 하는 거야."

수희는 의족을 한 라푼젤의 다리를 붙잡고 한 걸음씩 옮겨 놓

앉다. 물론 라푼젤은 어색해했다.

"시간이 좀 걸릴 거야. 오늘부터 수희가 잘 보살펴야 라푼젤도 금방 적응할 거야. 적응할 때쯤에는 산책도 자주 시켜 주고."

젖소 의사 선생님이 말했다.

물론 그 말은 틀리지 않았다. 라푼젤을 데려온 다음 날, 수희는 깜짝 놀랐다. 밤새 얼마나 이빨로 갉고 물어뜯었는지 가죽 끈이 축축하게 젖어 있었다.

"라푼젤, 이러면 안 돼. 다른 강아지들처럼 잘 걸어 다니려면 연습을 해야지."

수희는 라푼젤의 몸통을 바로 잡고 천천히 앞으로 이끌었다. 녀석은 쉽지 않은 듯, 의족을 땅에 디디려 하지 않았다. 어쩌다 땅에 닿으면 제풀에 놀라 걷다가 멈추었다. 개껌을 앞에 놓아 주었더니 아예 의족을 든 채 절뚝거리며 걸어왔다.

"안 돼! 이 발을 디뎌 봐."

수희는 개껌을 보여 주면서 발 앞을 손으로 톡톡 쳤다. 하지만 라푼젤은 다른 곳을 쳐다보면서 딴청을 했다. 그래서 개껌을 의족이 디뎌야 할 바닥에 가까이 대 주었더니 개껌만 물고 가려 했다.

"안 된다고 했잖아."

그러자 녀석도 짜증이 났는지 왈왈 짖었다.

그런 일이 매일 반복되었다. 수희도 가끔은 그만두고 싶을 때가 있었다. 하지만 '아픈 강아지를 재활시켜 일상생활을 할 수 있게 돕는 것도 수의사의 중요한 일이야. 물론 꾸준히 관심을 갖는 게 쉬운 일은 아니야. 하지만 생각해 보렴. 환자가 더 힘들까, 아니면 의사가 더 힘들까? 특히 버림받았던 아이들은 몸의 상처만이 아니라 마음의 상처까지 치료해야 한다는 생각을 가져야 해. 선생님 말 이해하겠지?'라던 선생님들의 말이 생각나서 라푼젤을 그냥 놓아둘 수가 없었다.

수희는 꾸준히 라푼젤을 훈련시켰다. 매일 어떤 변화가 일어나는지 꼼꼼하게 기록도 해 두었다.

그렇게 보름이 조금 더 지났다. 어느 토요일 아침, 늦잠을 자고 있는데 엄마가 와서 깨웠다.

"수희야, 네게 줄 선물이 있어."

"네?"

"나와 봐. 두 가지야."

선물이라는 말에 수희는 얼른 일어났다. 그리고 엄마를 따라 거실로 나왔다. 엄마가 거실 한쪽을 가리켰다.

"아, 아빠! 출장 때문에 이번 주에 못 오신다더니!"

아빠가 있었다. 그런데 아빠는 대답은 하지 않고 '쉬잇!' 하더니 소파 앞을 가리켰다. 라푼젤이 거기에 있었다. 그런데 이게 웬일일까? 라푼젤이 걷고 있었다. 의족을 디디며 보통의 강아지처럼!

"어, 엄마! 라푼젤이……!"

"그래. 이제 적응이 되었나 보다."

"수희가 아주 훌륭한 일을 해낸 것 같은데?"

놀란 수희의 표정을 보고, 엄마와 아빠가 차례로 말했다.

"그런데 아빠는 어떻게?"

"수희가 꼬마 수의사 노릇을 곧잘 한다고 해서 선물을 하나 사 왔지."

"앗, 정말요? 뭔데요?"

수희가 묻자, 아빠는 현관문 쪽을 가리켰다. 예쁜 개집이었다.

"아앗! 라푼젤 집이에요?"

"응. 아빠가 특별히 주문 제작했단다. 라푼젤 덩치가 그리 크지 않아서 여기쯤 놓으면 되겠지? 자, 이것 봐. 라푼젤이 다닐 때

불편하지 않도록 입구에 턱을 없앴어."

"우아! 정말이네요?"

수희는 눈물이 왈칵 솟으려 했다. 하지만 가까스로 마음을 달래고 라푼젤을 가만히 지켜보았다. 라푼젤은 요 며칠과는 달리 의족으로 바닥을 디디며 걸었다. 여전히 어색해하는 티가 역력했지만, 틀림없이 의족으로 걸어 다녔다.

"이제 됐어!"

수희는 자신도 모르게 중얼거렸다. 그리고 얼른 방으로 다시 들어가 휴대 전화를 찾았다. 이 기쁜 소식을 강양희 선생님에게 먼저 알려야 할 것 같았다.

강양희 선생님은 벨이 한참 울린 뒤 전화를 받았다.

"오! 수희구나? 그래, 수희도 라푼젤도 잘 지내고 있지?"

강양희 선생님이 물었다.

"네, 그럼요. 그보다요, 선생님……."

수희는 그간 있었던 일과 엄마 아빠가 라푼젤을 기르도록 허락한 이야기부터 라푼젤이 드디어 의족으로 걷기 시작했다는 이야기까지 쉬지 않고 늘어놓았다. 그러자 강양희 선생님은 정말 잘 되었다며 좋아했다. 그리고 전화 끝에 한마디 더 하는 걸 잊지 않았다.

"수희는 정말 훌륭한 수의사가 될 거야!"

그 말에 수희는 그 어느 때보다 가슴이 벅찼다. 그래서 아무 말도 하지 못하고 가만히 있었다. 그때 언제 들어왔는지 라푼젤이 수희의 다리에 얼굴을 비볐다. 수희는 얼른 라푼젤을 들어 올렸다. 그리고 힘껏 끌어안았다.

나도 수의사가 될 수 있을까?

수의사는 동물에게 생기는 여러 가지 병을 진찰하고 치료하는 의사예요. 개와 고양이 같은 반려동물부터, 소나 돼지, 닭 같은 가축을 돌보는 일을 하지요. 따라서 생명을 소중히 여기는 자세는 물론 말 못 하는 동물을 세심하게 살피는 마음, 의사로서의 전문 지식과 침착함을 갖추어야 해요. 정말 수의사가 되고 싶다고요? 그렇다면 수의사가 될 자질이 있는지 확인해 보고, 수의사가 된다면 어떤 자세와 태도를 지녀야 할지 더 생각해 보세요.

적성 찾기

수의사가 여러분에게 어울리는 직업일까요? 아래 물음을 읽고, 해당하는 내용에 체크해 보세요. (그렇다: 5점, 보통이다: 3점, 아니다: 1점)

1. 나는 다른 친구들보다 유난히 동물들을 좋아한다.
   ☐ 그렇다 ☐ 보통이다 ☐ 아니다

2. 사람에게 인권이 있는 것처럼, 동물에게도 동물 고유의 권리가 있다고 생각한다.
   ☐ 그렇다 ☐ 보통이다 ☐ 아니다

3. 동물들이 울음소리를 내면 꼭 뒤돌아서 왜 그런지 살펴본다.
   ☐ 그렇다 ☐ 보통이다 ☐ 아니다

4. 줄넘기나 달리기처럼 기초 체력을 기르기 위한 운동을 꾸준히 한다.
   ☐ 그렇다 ☐ 보통이다 ☐ 아니다

5. 일기를 매일 쓰고 꼼꼼하게 기록하는 것을 좋아한다.
   ☐ 그렇다 ☐ 보통이다 ☐ 아니다

6. 어떤 급한 일이 생겼을 때, 판단하고 결정하는 시간이 비교적 빠른 편이다.
   ☐ 그렇다 ☐ 보통이다 ☐ 아니다

7. 앉은 자리에서 책을 오랫동안 집중해서 읽거나 남들은 그냥 지나치는 물건들을 요모조모 관찰하는 편이다.
   ☐ 그렇다 ☐ 보통이다 ☐ 아니다

8. 돈과 같은 물질적인 가치보다는 인간적 도리가 더 중요하다고 생각한다.
   ☐ 그렇다 ☐ 보통이다 ☐ 아니다

9. 친구들에 비해 무서움을 덜 타고, 징그러운 것도 잘 만지곤 한다.
   ☐ 그렇다   ☐ 보통이다   ☐ 아니다

10. 운동처럼 활동적인 일보다는 오래도록 관찰하거나 시간이 걸리더라도 실험을 하는 종류의 과목이 더 재미있다.
    ☐ 그렇다   ☐ 보통이다   ☐ 아니다

수의사가 되려면 잘 알고 있어야 하는 낱말이에요. 내가 아는 낱말은 몇 개나 되는지 체크해 보세요. (1문항당 1점)

☐ 히스토리: 동물의 질병에 따라 증상부터 치료 과정, 결과를 기록한 자료.

☐ 안락사: 극심한 고통을 받고 있는 동물 환자를 보호자의 요구에 따라 고통이 적은 방법으로 생명을 단축하는 행위.

☐ 압박 붕대: 심한 출혈을 막고 부러진 뼈를 고정하는 등 상처 부위를 보호해 줄 목적으로 사용되는 붕대.

☐ 짓무르다: 살갗이 헐어서 문드러지다.

☐ 재활: 신체적으로 장애가 생긴 사람이 장애를 극복하고 생활함.

☐ 응급 처치: 갑작스러운 병이나 상처의 위급한 고비를 넘기기 위하여 임시로 하는 치료.

☐ 수액: 쇼크, 탈수증, 영양실조 등에, 생리적 식염수·포도당 용액 같은 다량의 액체를 주입하는 일.

☐ 진통제: 중추 신경에 작용하여 환부의 통증을 느끼지 못하게 하는 약.

☐ 염증: 외상이나 화상, 세균 침입 따위에 대하여 몸의 일부에 충혈, 부종, 발열, 통증을 일으키는 증상이다.

☐ 덧나다: 병이나 상처 따위를 잘못 다루어 상태가 더 나빠지다.

★☆ 50점 이상

수의사에게 필요한 자질을 갖고 있어요. 동물에 대한 애정도 갖고 있으며, 수의사의 덕목을 잘 갖추고 있는 편이에요. 그 마음을 잃지 말고 꾸준히 노력한다면 최고의 수의사가 될 수 있지 않을까요?

★☆ 30~49점

조금 노력하면 될 거예요. 수의사가 될 가능성이 충분하거든요. 하지만 가능성만으로는 안 되겠죠? 무엇보다 수의사가 되기 위해 필요한 일들을 잘 챙겨 보고 지금 할 수 있는 일을 하나씩 더 해 나가는 게 가장 중요하답니다.

★☆ 29점 이하

아직은 수의사에게 필요한 자질이 부족한 듯해요. 하지만 실망할 필요는 없어요. 여러분에게는 아직 시간과 기회가 많으니까요. 자신이 아니라고 대답한 항목을 다시 읽어 보고 그렇게 하려고 노력해 보세요. 수의사에게 꼭 필요한 자질을 갖게 될 거예요.

가치 찾기

수희는
어떤 수의사가 되었을까?

꼬마 수의사가 드나들던 사거리 동물 병원 알고 있지? 라푼젤을 치료해 준 수의사 선생님들이 있던 곳 말이야. 그리고 그곳을 드나들던 손님들은? 그 친절한 수의사 선생님들까지 당황하게 만들었던 엉뚱한 사건들도 기억하지?

사실 동물 병원에서는 그런 말도 안 되는 일보다 더 심각하고 고민스러운 일이 생기기도 한단다. 이럴 때는 어떻게 해야 할까? 우리가 수의사라고 생각하고 미리 한번 의견을 나누어 보는 건 어떨까?

1. 책임감과 수익 사이에서 고민하는 수의사

15년째 서울 근교의 소도시에서 동물 병원을 하고 있는 나는, 요즘 들어 더욱 바빠졌다. 부쩍 동물 환자들이 많아졌기 때문이다. 물론 예전에 비해 반려동물을 키우는 가정이 늘어난 이유가 가장 크다.

그런데 최근에 아주 미묘한 문제가 생겼다. 특수 동물 때문이다. 토끼나 기니피그를 비롯해서 거북이와 도마뱀, 이구아나, 햄스터, 고슴도치…… 종류도 아주 다양하다. 어떤 동물은 병의 증세가 간단하고 가벼워서 치료가 쉬운 경우도 있지만, 어떤 동물은 아무리 진찰해도 문제점이 잘 발견되지 않기도 한다.

내가 아무리 특수 동물에 관심이 많은 수의사라고 해도 그 많은 동물에 대해서 전문성을 갖추기는 쉽지 않다. 물론 그때마다 논문을 찾아보고 다른 병원의 진료 사례를 참고하기는 하지만 역시 적절하게 치료하는 일은 참 어렵다.

그래서 요즘에는 특수 동물 환자를 그냥 돌려보내기도 한다. 잘못 치료했다가 동물의 병이 더 깊어지거나 자칫 죽을 수도 있기 때문이다. 어떤 보호자는 나에게 막 항의를 하기도 한다.

한편에서는 특수 동물을 치료하기 위한 장비를 더 들여놓으라고 적극적으로 권하기도 한다. 하지만 그런 장비는 종류도 많고, 아주 비싼 제품이어서 쉽사리 구입할 수가 없다. 특수 동물이 아주 많은 건 아니라서 자칫 병원의 수익에 문제가 생길 수도 있으니, 자연스럽게 진료비를 올

릴 수밖에 없다. 나의 고민은 점점 깊어만 간다.

수의사는 생명을 다루는 만큼 책임감이 강한 직업이에요. 하지만 병원을 운영하다 보면 책임감만 앞세우기는 힘들어요. 이런 상황에서 수의사는 어떤 선택을 해야 할까요? 적은 수이지만 특수 동물을 위해 과감하게 투자를 해야 할까요? 아니면 꼭 그래야 할 의무는 없으므로, 안정적인 병원 운영을 위해 지금처럼 치료가 어려운 동물은 돌려보내야 할까요? 수의사에게 가장 중요한 태도는 무엇일까요?

2. 냉정함을 찾아야 하는 수의사의 고민

큰일 났다. 구제역이 발생했다. 텔레비전 뉴스는 물론이고, 신문에서도 구제역에 관한 기사가 톱뉴스다. 구제역은 특히 소와 돼지, 사슴처럼 발굽이 둘로 갈라진 동물들에게 퍼지는 감염병이다. 전염이 아주 빠르고 치사율은 5~55퍼센트에 이른다.

뉴스를 보고 있던 나는 갑자기 울린 벨 소리에 깜짝 놀랐다. 우리 마을 한 곳에서도 동물 환자가 발생했다는 연락이 왔다. 마을의 동물을 책임지는 수의사 중 한 명이기에, 얼른 마을 농장을 돌아다니며 해당되는 동물들을 살처분하라고 지시했다. 돼지의 꿀꿀거리는 소리와 소가 음매 우는 소리가 모두 살려 달라고 애원하는 것처럼 들려서 마음이 아팠다.

그런데 한 집에 이르렀을 때, 할아버지 한 분이 앞을 막아섰다.

"안 돼! 우리 집 막둥이는 절대 못 죽여! 기다려 보라고. 아직 어떨지 모르잖아. 자네가 감기에 걸렸다고 나도 감기에 걸리란 법 있어?"

"할아버지! 하지만 구제역은 전염이 아주 빠르다는 건 알고 계시잖아요."

"이보게, 막둥이까지 죽이면 우린 어떻게 하라고? 막둥이는 품종이 우수한 씨암소라네. 이 고비만 잘 넘기면 잘 키워서 좋은 품종을 많이 만들어 낼 거야. 제발 이놈만 살려 주게. 몰래 숨겨 놓을 테니, 모른 척 해 줘."

"하지만 할아버지, 그러다가 더 많은 소들이 다 감염되면 어쩌려고요?"

나는 할아버지를 설득했다. 사실 구제역이 문제가 되는 건, 치사율도 문제지만 설사 죽지 않는다고 해도 그 병에 걸린 소들은 상품성이 떨어지기 때문이기도 하다. 특히 수출은 꿈도 꿀 수가 없다.

할아버지의 딱한 처지도 이해되었다. 나는 이러지도 저러지도 못하고 한참 동안 그 자리에 서 있었다.

여러분이라면 이럴 때 어떻게 하겠어요? 한 마리쯤은 괜찮지 않을까요? 아니면, 더 많은 동물의 피해를 막기 위해 할아버지의 막둥이도 처분해야 할까요? 수의사는 때로 아주 냉정하게 판단을 내려야 할 때도 있어요. 인정이 먼저일지 냉정한 판단이 먼저일지 갈등하게 되는 경우, 어떻게 해야 할까요? 이를 해결할 또 다른 방법은 없을까요?

3. 윤리적 측면에서 동물 실험을 반대하는 수의사의 고민

나는 대학 병원에 근무하는 수의사이다.

최근 우리 병원에서는 새로운 약을 개발했다. 동물 치료약인데, 효과가 아주 뛰어날 것이라고 저마다 입을 모았다.

하지만 그 전에 넘어야 할 산이 있다. 다름이 아닌, 새로 개발한 약에 부작용이 없는지 등을 실험하는 일. 개발에 참여한 의사들은 이런저런 의견을 내놓았다.

"빨리 결과를 알고 싶습니다. 동물들을 위한 약이니까 동물 실험을 해 봅시다."

"보호소의 동물들에게 실험해 봐도 좋지 않겠어요?"

몇몇 수의사가 의견을 내놓았다. 하지만 나는 반대했다.

"아닙니다. 동물들을 위한다면서 그 핑계로 동물들을 죽이는 실험을 할 수는 없어요. 인공 조직을 구입해 실험하는 게 좋겠습니다."

사실 지금까지 새로운 약을 만들면서 개와 토끼, 원숭이 등 수많은 동물들이 실험으로 희생되었다. 나는 죽은 동물의 조직이나 실험을 위해 인공으로 만든 조직을 이용하길 원했다. 더는 동물들이 희생되는 것을 보고 싶지 않았기 때문이다.

그러자 다른 수의사가 말했다.

"하지만 인공 조직은 가격이 많이 비싸서 수익성이 떨어져요. 매번 그렇게 하면 신약을 개발하고도 남는 게 없을걸요?"

"그래도 동물을 위해서라면 인공 조직을 사용하는 게 맞습니다. 동물을 더 이상 죽일 수는 없어요."

서로 다른 입장 때문에 한동안 결론이 나지 않았다.

동물을 위한 약뿐 아니라 사람을 치료하는 약 개발에도 동물 실험이 이루어지곤 합니다. 물론 더 많은 동물이나 사람을 위해 꼭 필요한 일이라고 하는 주장이 잘못된 것은 아닙니다. 동물마다 질병이 다양하고, 어떤 질병에는 맞는 약이 부족하기 때문이지요. 하지만 아무리 동물이라도 위험한 일에 이용되어서는 안 된다고 생각하는 사람도 있습니다. 동물이 고통받지 않을 권리와 치료받을 권리, 어떤 것이 먼저일까요?

북멘토 직업가치동화 3·수의사

곱슬머리 수의사, 24시간이 모자라!

1판 1쇄 발행일 2018년 4월 25일 1판 3쇄 발행일 2022년 10월 28일
글쓴이 한정영 그린이 이예숙 펴낸곳 (주)도서출판 북멘토 펴낸이 김태완
편집주간 이은아 편집 김경란, 조정우 디자인 안상준 마케팅 이상현, 민지원, 염승연
출판등록 제6-800호(2006. 6. 13.)
주소 03990 서울시 마포구 월드컵북로6길 69(연남동 567-11) IK빌딩 3층
전화 02-332-4885 팩스 02-6021-4885
🏠 bookmentorbooks.co.kr ✉ bookmentorbooks@hanmail.net
📷 bookmentorbooks__ 📘 bookmentorbooks

ⓒ 한정영·이예숙 2018

ISBN 978-89-6319-265-9 74810
ISBN 978-89-6319-247-5(세트)

※ 잘못된 책은 바꾸어 드립니다.
※ 이 책은 저작권법에 따라 보호를 받는 저작물이므로 무단 전재와 무단 복제를 금합니다.
※ 이 책의 전부 또는 일부를 쓰려면 반드시 저작권자와 출판사의 허락을 받아야 합니다.
※ 책값은 뒤표지에 있습니다.

인증 유형 공급자 적합성 확인 **제조국명** 대한민국 **사용연령** 8세 이상
KC마크는 이 제품이 공통안전기준에 적합하였음을 의미합니다.
종이에 베이거나 책 모서리에 다치지 않도록 주의하세요.